智库 中社

国家智库报告 2016（56）
National Think Tank

"一带一路"

一带一路面临的国际风险与合作空间拓展

——以斯里兰卡为例

赵江林　周亚敏　谢来辉　著

THE INTERNATIONAL RISK AND COOPERATIVE SPACE
EXPANSION OF THE ROAD AND BELT INITIATIVE—THE
EXAMPLE OF SRI LANKA

中国社会科学出版社

图书在版编目（CIP）数据

"一带一路"面临的国际风险与合作空间拓展：以斯里兰卡为例／赵江林等著．
—北京：中国社会科学出版社，2016.10（2017.10重印）
（国家智库报告）
ISBN 978 - 7 - 5161 - 9211 - 5

Ⅰ.①一… Ⅱ.①赵… Ⅲ.①区域经济合作—国际合作—研究—中国、斯里兰卡
Ⅳ.①F125.5

中国版本图书馆 CIP 数据核字（2016）第 265205 号

出 版 人　赵剑英
责任编辑　陈雅慧
责任校对　王 斐
责任印制　李寡寡

出　　版　中国社会科学出版社
社　　址　北京鼓楼西大街甲 158 号
邮　　编　100720
网　　址　http://www.csspw.cn
发 行 部　010 - 84083685
门 市 部　010 - 84029450
经　　销　新华书店及其他书店

印刷装订　北京君升印刷有限公司
版　　次　2016 年 10 月第 1 版
印　　次　2017 年 10 月第 2 次印刷

开　　本　787×1092　1/16
印　　张　7
插　　页　2
字　　数　70 千字
定　　价　32.00 元

　　摘要： 中国"一带一路"倡议推进进程中，斯里兰卡因其独特地理位置，成为一个"虽小尤重"的国家。作者通过实地考察斯里兰卡的政府、企业、智库等机构，试图挖掘斯方参与共建"21世纪海上丝绸之路"的风险与合作空间。科伦坡港口城项目是一个颇具代表性的案例，见证了中斯友好时的全速推进，也经历了政权更迭后的暂停低潮，最终迎接了项目重启推进的喜人进程。该项目将"一带一路"建设中的风险表现得极为典型，而项目重启也意味着两国未来的合作空间巨大。以点带面，从更广的范围而言，"21世纪海上丝绸之路"建设要想深入南亚，可能都面临着类似的风险与空间。

　　斯里兰卡在中国、日本、印度等国之间，推行平衡的外交战略，这符合斯里兰卡国家利益。斯里兰卡在经济上同时需要中国、日本和印度，在安全上也对中国、日本和印度各有所求。斯里兰卡作为一个与中国、日本、印度实力相差甚远的小国，清楚自身的战略地位和自身国家发展的需求，实时灵活奇妙地运用自身的外交资源，以便最大程度地"搭顺风车"，这是斯里兰卡处理中国、日本和印度关系的最主要的战略逻辑。本报告回顾了中斯合作的历史，同时也十分注意挖掘印度这个"邻家大哥"对斯里兰卡根深蒂固的影响。以科伦坡港口城项目为点，力求折射出左右南亚小国决策的点点滴滴。

"一带一路"倡议的明确提出，使斯里兰卡的地理优势更为突出。继续推进中斯合作大有空间，但是必须要做好以下几点：首先要化解印度忧虑，印度所担心的中国"珍珠链"效应，并不是中国的初衷，也超出了中国的能力范围。其次要以对方国内情况为切入点，使斯方能够搭上中国的"便车"，实现贸易投资自由化和区域经济一体化，为自身的经济腾飞抓住机遇。第三要积极推动中、斯、印三方合作。三方关系良性互动、相互促进、互利共赢，最符合三方利益，也有利于地区的和平、稳定与共同繁荣。第四要改善在斯的宣传布局。中国企业在"走出去"过程中，由于受国内项目推动方式的影响，过于重视走"上层路线"，在民主选举制国家，这种行事方式遇到的风险极大。最后，民心相通是根本。着力发展非经济领域，如文化、教育和民生的援助与交流，有助于中斯友谊世代相传。

Abstract: In the process of "The Belt and Road" initiative, Sri Lanka, because of its unique geographical location, is a small but very important country. The authors visited the government department of Sri Lanka, enterprises, think tanks and other institutions, trying to find out the risk and cooperative space of Sri Lanka to participate the construction of "Maritime Silk Road in twenty – first Century". The project of Colombo Port City is a typical case, which witnessed the friendly cooperation of two countries, experienced cooperation suspend during regime change, and ultimately met the satisfactory move on. The project exhibited the risk of OROB typically, but the restart also means that there exists huge space for cooperation. From a wider view, the construction of Maritime Silk Road in South Asia may face the similar risk and space.

Sri Lanka implements the balanced diplomatic strategy among China, Japan, and India, which is consistent with the national interests of Lanka. Sri Lanka not only needs economic benefits from China, Japan and India, but also wants security protection from above three countries. Comparing to the big three, Lanka is a tiny country, hence use their diplomatic resources to maximize the "free ride" flexible is the strategic logic of Lanka. The book reviews the history of China – Lanka cooperation, also pays attention to the impact of India next door to Sri Lanka. We managed to put Colombo port city project as a spot to reflect the truth about national cooperation decision of small South Asian countries.

"The Belt and Road" initiative makes the Sri Lanka's geographical advantage much more prominent. There is large space to continue to promote China – Lanka cooperation, but we must realize the following: first is to resolve India's worries. India is worried about China's "string of pearls" effects. China must make clear that this is not our original intention, and also beyond the scope China's ability. Secondly, China should take the domestic situation as the breakthrough point. If Lanka can take the China's free ride to achieve trade and investment liberalization and regional economic integration, seize the opportunities for their own economic growth, then the cooperation will have inner drive. Thirdly, actively promote China – Lanka – India three parties cooperation. The benign interaction of the three parties will promote mutual relations and benefits, which is consistent with the interests of the three parties, but also conducive to regional peace, stability and prosperity. Fourth is to improve the publicity strategy in Sri Lanka. China's enterprises pay too much attention to the top line, but in the democratic election system, such practice will incur huge risks. Finally, the people connection is fundamental. Focusing on the development of non – economic fields, such as culture, education and people's livelihood assistance and exchange, will surely to help China – Lanka friendship from generation to generation.

目　录

2015 年 11 月 2—6 日，在中国社会科学院重大国情调研项目的支持下，中国社会科学院亚太与全球战略研究院赵江林研究员、张中元博士、周亚敏博士和谢来辉博士等四人前往斯里兰卡进行为期五天的调研。

斯里兰卡是"21 世纪海上丝绸之路"的重要支点国家。印度洋地区是全球贸易和能源运输中心，分别占世界集装箱及石油运输量的五成及七成，而印度洋上的重要航线都经过斯里兰卡。近年来中斯关系一直在不断加强。2013 年，斯里兰卡时任总统马欣达·拉贾帕克萨（Mahinda Rajapaksa）访华，两国宣布将中斯关系提升为"真诚互助、世代友好的战略合作伙伴关系"。2014 年 9 月习近平主席访问斯里兰卡，两国共同决定建设"21 世纪海上丝绸之路"。

在 2015 年 1 月迈特里帕拉·西里塞纳（Maithripala

Sirisena）当选总统后，中斯双边关系出现了一些重要的变化。2015 年 3 月 6 日，斯里兰卡新政府下令，暂停中国港口城建设项目，以评估该项目承建过程的合法性，并重新考察与中国之间的商业关系。中斯关系陷入低谷，"21 世纪海上丝绸之路"倡议在斯里兰卡面临挑战。2015 年 8 月 17 日，原反对党（统一国民党，UNP）领袖拉尼尔·维克勒马辛哈（Ranil Wickremasinghe）在议会选举中胜选，出任总理，并领导组建了新一届政府内阁。

本次调研主要采取实地调研和理论研究相结合的方法，在已有的理论基础上，采取实地调研，包括重点人物访谈、实地考察等方法，以获取第一手调研数据资料。

本次调研获得了被调研对象的极大支持。项目组先后走访了斯里兰卡两家代表性的智库：政策研究所（Institute of Policy Studies of Sri Lanka，IPS）和地区战略研究中心（Regional Centre for Strategic Studies，RCSS），拜访了斯里兰卡政府投资委员会（BOI），并与中国港湾工程有限责任公司和云南建工集团有限公司斯里兰卡公司等两家中资企业的负责人进行了座谈。当地智库给予我们热情招待，使我们能够与斯里兰卡智库有直接密切的交流，对斯里兰卡国情和中国企业在斯里兰卡的投资情况有了初步了解。通过对斯里兰卡政府、智库和有关中资企业的调研走访，调研组围绕调研主题取得了一些成果。

本次调研的主要发现是，"一带一路"倡议的出台既给我国港口发展带来机遇，也对国家政策提出新的调整要求；斯里兰卡对中国的依赖是印度、日本和西方国家都无法替代的，斯里兰卡国内政府和社会各界趋向于达成接受"一带一路"的共识，可以预见中斯关系很快会回暖；在与国外港口合作过程中，特别要对合作伙伴的政局动态进行把握，同时要做好扎实的民间基础工作，才有可能减少国外投资与合作的风险。

本项目的主要价值在于：一是为政府部门决策提供参考依据。通过调研，力争获得关于沿线国家参与"一带一路"合作的第一手资料，并提出一些相关政策建议，在今天中国企业投资斯里兰卡受到当地政局较大影响的情况下，报告仍建议继续加强与斯里兰卡的合作，但是也提出一些新的合作方向建议。二是增强与当地智库的合作力度。在调研中，当地智库非常愿意与中国智库加强合作，希望能够在课题研究、学术访问、学术交流等多方面与中国智库建立固定机制，并能够开展相关合作。三是加深对沿线国家的了解。"一带一路"作为国家新时期大战略，需要对沿线国家有深度了解，才能做好战略对接工作。通过这次调研，我们对国内外港口建设以及未来的合作有了较明确的认知，为今后开展相关的科研工作积累了素材。

本项目提出的主要政策建议有：

针对国内外港口合作，应着力建设"港口经济圈"，以此为纽带构建跨区域、大容量、高效率的经济要素交流网络，促进港口与产业相融合、"港口经济圈"与"都市经济圈"相融合，使港口成为集聚配置国际贸易、港航、物流资源的战略高地。提升港口在建设海上丝绸之路中的地位，以全链条发展来提升产业竞争力，一方面发展壮大现代物流服务产业，加快物流供应链系统建设，另一方面择优发展临港大工业，围绕先进项目以及国家布局的重大生产力项目，打造若干个优势产业集群，以全球化运作来提升国际影响力。

针对斯里兰卡港口建设，应做好以下相关工作：（1）中国企业参与海外港口建设的方式需要不断升级，要从参与港口建设到努力争取港口长期特许经营权，把握港口合作的持续动力。（2）改变对斯里兰卡的援助结构，应更多考虑当地的需要，不可过度依赖当政的政府，而是要考虑地方社会的结构，特别是兼顾当地族群关系、地区关系。（3）应积极推进中斯民生工程建设，让斯里兰卡人民感受到实实在在的利益。（4）加强中斯智库方面的合作。应密切加强与当地民间和政府研究机构的交流与合作，为"一带一路"提供更多知识储备，同时减少不必要的误解。（5）最后要学会规避政治风险。

第一节　对中国在斯里兰卡面临的
风险全面分析

一　斯里兰卡新政府对"21世纪海上丝绸之路"的态度

习近平主席在2014年访问斯里兰卡发表讲话时表示，中方愿以建设"21世纪海上丝绸之路"为契机，同斯方加强在港口建设运营、临港工业园开发建设、海洋经济、海上安全等领域合作，探讨并确定先行先试项目，实现早期收获。希望双方加快推进自由贸易谈判，争取早日建成中斯自由贸易区。中方鼓励更多中国企业积极参与斯里兰卡工业园、经济特区、基础设施项目建设。

2015年2月27日王毅在同斯里兰卡外长萨马拉维拉举行会谈时就曾提到，中方愿与斯方一道，以共同建设"21世纪海上丝绸之路"为主线，以商签自由贸易协定、基础设施建设、开展产业合作为三大支柱，致力于提高斯自主发展能力；同时积极拓展卫生、农业、科技、旅游、人文五个领域的合作增长点，不断改善斯民生，造福于中斯两国及两国人民。

1. 新政府的态度

在 2015 年 3 月访问中国时，斯里兰卡现任总统西里塞纳曾表示，斯里兰卡新政府将采取比过去更有力的措施，继续发展同中国的友好合作和斯中人民友谊，希望同中方加强在经贸、教育、科研、防务领域的合作。丝绸之路是斯中两国共同的历史遗产，斯方希望在"21 世纪海上丝绸之路"框架内加强同中方合作。

斯里兰卡政策研究所（IPS）副所长杜希尼·维拉孔博士（Dushni Weerakoon）认为，中国目前是世界第二大经济体，未来在亚太地区乃至世界的影响力还会继续上升；斯里兰卡在经济关系上已经比较依赖中国，无论哪个政治力量上台，都不大可能忽视中国带来的发展机遇；虽然暂时出现一定的政策不确定性，但是总体上斯里兰卡还是会重视加强中斯经贸关系。斯里兰卡地区战略研究中心（RCSS）副所长米娜·塔哈尔女士（MinnaThaheer）表示，尽管斯里兰卡政权轮替，新政府上台，但是却负担不起（can't afford to lose China）失去中国的代价。

政策研究所（IPS）研究人员表示，"21 世纪海上丝绸之路"的内容仍然显得含糊不清，其政策含义、实施机制以及潜在风险都较难评估。尼普尼·佩若拉女士（Nipuni Perera）对此进行过专门分析，她认为"一带一路"对于整个亚洲地区的市场拓展、区域内贸易畅通以及基础设施一体化等诸多方面都是极大的利好和机会。她的分析结论是，"21世纪海上丝绸之路"对斯里兰卡总体上有利，但是仍需要一些调整。斯里兰卡面临的机遇方面具体体现在斯里兰卡的出口市场将会因为贸易创造效应而得到拓展，将加强斯里兰卡对亚洲贸易伙伴特别是中国，以及对欧洲和非洲地区的出口增长。但是，她也认为，"一带一路"倡议还存在一些问题。第一，该倡议在细节上并不明确，比如在具体路线方面并不明确；第二，"五通"目标的优先次序并不明确，也没有指出与伙伴国的实施机制（比如时间、负责机构、争端解决机制等）；第三，"一带一路"沿线国家幅员辽阔，隐藏风险巨大，如何减缓风险以确保顺利开展商业活动，也是未知之数；第四，亚洲地区国家的关税及非关税措施壁垒较多，特别是非关税壁垒比如海关措施、产品特征要求、垄断措施、缺乏技术标准的相互认可等，严重阻碍了亚洲地区的贸易自由化，因此也将成为顺利开展"一带一路"的重要阻碍。她建议沿线国家围绕"一带一路"所涉及的问题共同开展课题研究，分析相关的收益与成本，从而为开展和实施"一带一路"提供足够的知识准备。

2. 中斯自贸区协定的谈判进展

贸易畅通是丝绸之路经济带建设的重要内容之一。2013 年 5 月，拉贾帕克萨总统访华期间达成建设中斯自贸区的共识。2014 年 9 月习近平主席访问斯里兰卡，双方宣布启动中斯自由贸易区谈判。

近年来，中斯贸易规模不断扩大。2013 年中斯双边贸易额达 36.2 亿美元，同比增长 14.3%。2014 年 1—9 月，中斯双边贸易额为 27.37 亿美元，同比增长 5.93%。目前，中国是斯里兰卡第二大进口来源地和第二大贸易伙伴。有分析人士表示，中斯自贸协定一旦签署，两国经贸合作的潜力将进一步释放。截至 2014 年底，中国在斯里兰卡出口贸易中位居第十五位，在斯里兰卡进口贸易中位居第二。据斯统计局数据显示，2014 年，中斯双边货物贸易额为 36.2 亿美元。其中，斯里兰卡对中国出口 1.7 亿美元，占斯里兰卡出口总额的 1.6%；斯里兰卡自中国进口 34.5 亿美元，占斯里兰卡进口总额的 17.9%。当年，斯里兰卡对中国贸易逆差为 32.8 亿美元，增长 15.5%。

维拉孔博士提到，2014 年中国是斯里兰卡第二大旅客来源国，但是到了 2015 年中国已经超过印度，成为第一大旅客来源国。中斯两国之间的人员往来也日益频繁。根据斯里兰卡旅游发展局的统计，在过去两年，中国去斯里兰卡旅游的人数呈现爆炸式增长。2013 年，中国去斯里兰卡旅游的人数只有 54288，但截至 2014 年 12 月，中国去斯里兰卡旅游人数则达到了 128166。这反映出中国作为一个经济快速发展的大国，对于斯里兰卡意味着越来越大的经济机遇。

对斯里兰卡而言，自贸协定将为斯里兰卡扩大对华出口提供契机，有助于逐步缩小双边贸易逆差，推动斯里兰卡中小企业发展，吸引更多中国投资，从而为斯经济发展增添新动力。对中国而言，自贸协定不仅为中国企业和中国商品进入斯里兰卡市场创造了便利条件，更重要的意义在于，中国可以借助斯里兰卡，打开南亚市场的大门。目前，斯里兰卡与印度、巴基斯坦等签订了自由贸易区协定，中国可以通过与斯里兰卡签订自贸协定，转而进入印度市场。

目前，有关签署《中斯自贸协定》的可行性研究已经完成。自 2013 年以来，中国和斯里兰卡双方已经进行了两次专家小组的可行性研究和谈判。2014 年 9 月 17 日至 19 日，中国—斯里兰卡自贸区首轮谈判在斯里兰卡首都科伦坡举行。此轮谈判中，双方就谈判工作机制、覆盖范围、推进方式、路线图和时间表、货物贸易降税模式等多项议题进行了深入磋商，达成许多共识。与此同时，双方还讨论通过了指导未来谈判的"职责范围"文件，为后续谈判奠定了良好基础。2014 年 11 月 26 日至 28 日，中国—斯里兰卡自贸区第二轮谈判在北京举行。双方就货物贸易、服务贸易、投资、经济技术合作、原产地规则、海关程序和贸易便利化、技术性贸易壁垒、卫生与植物卫生措施、贸易救济、争端解决等议题充分交换了意见，谈判取得积极进展。

原计划在 2015 年开展第三轮谈判，但是由于斯里兰卡政府更迭，自贸区的谈判被迫中断。斯里兰卡政策研究所的加纳卡博士（Janaka Wijayasiri）参与了斯方的专家论证工作。他认为，斯里兰卡与中国存在较高的贸易逆差，比如在制造业方面无法与中国竞争，因此对与中国的自贸区协定比较担忧。斯里兰卡在出口方面主要依赖茶叶和宝石等产业，贸易需求主要来源于美国（占

24.6%）、欧洲（占 14%）、日本和印度（出口市场占 5.7%，进口占 20.6%）的市场，比较期待进入欧洲市场主导全球供应链方面，并在物流服务方面进入日本市场。在他看来，新政府似乎并没有把尽快恢复中斯自贸协定谈判当做迫切议题。

3. 中国的发展援助：与日本、印度等大国的对比

2007 年以前，日本官方发展援助是斯里兰卡当地最大的外援，但是在此之后中国的援助迅速增长，目前已是最大的援助来源。特别是在 2009 年斯里兰卡内战结束后，斯里兰卡开始加快国内经济建设，中国积极参与斯战后重建，加大了对斯里兰卡的经济援助，中国 2009 年向斯里兰卡提供了大约 10 亿美元的经济援助，超过日本成为斯里兰卡的最大捐助国。

考虑到发展援助与"一带一路"所倡导推动的经济合作之间存在密切的联系，如何认识和改进中国的发展援助也成为我们交流的一个重要话题。IPS 的维拉孔博士关于这一问题较为详细地阐述了她的看法。

首先，她认为中国没有专门的区域发展机构，缺乏系统性、一致和明晰的国际发展战略及政策。相比之下，日本有日本国际协力机构（Japan International Cooperation

Agency，JICA）、日本国际合作银行（JBIC）和政府开发援助机构（ODA），美国有对外援助署（USAID）。

其次，她将中国的援助与印度的援助进行了对比。虽然同为重要的新兴援助国，但是中国与印度的援助方式存在明显的差异。印度的官方援助主要是赠款，而中国方面主要是贷款。西里塞纳政府上台后曾抱怨中国的援助贷款利率太高，导致斯里兰卡政府不堪利息负担。中国方面的援助不施加任何条件，但是印度方面有不少援助明确要求资金使用在斯里兰卡北部（主要是泰米尔人居住区，与印度联系紧密）。她认为，中国的发展援助更为灵活、不干预内政（西方国家因为人权问题极大限制了对斯里兰卡的援助），体现了真正的伙伴关系。但是，她认为，其实中国也可以考虑设置一些发展援助的条件，可以促进斯里兰卡的发展。RCSS 所长艾哈迈德（Imtiaz Ahamed）博士也提出了这一观点，他认为可以在环境、移民等方面设置条件，促进当地的治理改善。

最后，维拉孔博士认为，中国在智库方面也缺乏系统的协调对话机构，中国方面的智库和大学最近随着"一带一路"倡议的兴起而大量涌动前往斯里兰卡，不利于双方开展机制化交流。南亚地区已经有较为成熟的机制化的智库交流网络，这便于南亚国家之间的政策和学术交流与对话。政策研究所所长科里格马博士（Saman Kelegama）曾在 2014 年 5 月参加了中国社会科学院主办的"中国与周边国家智库高层论坛"。该论坛曾达成共识要建立机制化的智库交流网络。如果这一计划得以实施，也会非常有利于中国和"一带一路"沿线国家的人文交流。

二　科伦坡中国港口城项目受挫的背后

投资是"一带一路"建设的重要渠道。据中国商务部统计，2013 年中国对斯里兰卡直接投资流量为 7177 万美元。截至 2013 年底，中国在斯里兰卡直接投资累计金额 2.93 亿美元。中资企业在斯里兰卡投资主要以承揽工程和设备出口等形式为主，伴有少量的电信服务项目和纺织行业项目。

科伦坡港口城是"21 世纪海上丝绸之路"在斯里兰卡的旗舰项目。2014 年 9 月，中国国家主席习近平和斯里兰卡时任总统拉贾帕克萨一道为港口城奠基揭幕、为开工剪彩。该项目由中国港湾集团承建，投资 14 亿美元，填海造地打造新的城市综合体和中心商务区，为斯里兰卡当地创造大量就业和税收，并吸引各国投资。预计2017年9月完成约276万平方米填海造地和道路、管线等基础设施建设。剩余设施建设将于2022年完工，该项目建成后，将与科伦坡中央商务区相连，拓展科伦坡市发展空间，拉动投资和就业，是斯里兰卡建设"21世纪海上丝绸之路"重要中继点的重大举措。

2014年斯里兰卡大选之后，中斯关系面临变局，特别是中国港口城等一些标志性的大型中资项目被斯方政府暂停，并要求重新审查。西里塞纳和当选总理的拉尼尔·维克勒马辛哈都曾在竞选期间称他们将放弃科伦坡港口城项目。西里塞纳在竞选时就承诺，要对其前任马欣达·拉贾帕克萨所签署的一系列中资参与的大规模项目进行调查。港口城建设的受阻，在中国乃至国际投资者之间都引起巨大轰动。

1. 中国港口城受挫的原因：双方各执一词

在2015年3月访问中国时，斯里兰卡总统西里塞纳曾经向中国国家领导人明确表示：目前科伦坡港口城出现的情况是暂时的、短期的，问题不在中方。尽管如此，斯里兰卡方面一直没有结束调查，项目一直没有启动。新政府到底是如何考虑的呢？

　　我们带着上述疑问拜访了斯里兰卡政府投资委员会（BOI）副主席费尔南多先生以及中国港口城项目的中方投资者——中国港湾工程有限责任公司负责人。虽然双方都认为主要责任在斯里兰卡方面，但是存在一些明显和重要的差异。

　　斯里兰卡政府投资委员会（BOI）副主席费尔南多先生非常热情地向我们介绍了斯里兰卡的投资环境，表示斯里兰卡非常重视中国投资者的贡献。他强调，新政府没有改变对中国投资项目的态度，一直欢迎中国的投资。比如汉班托特港的建设，无论是在1月8日大选前，还是之后，没有停工一天。目前斯政府只是不满意中国港口城项目的环境评估报告，在工程建设第二阶段可能还会要求再次评估，但在此之前项目获批继续建设。他认为，该项目目前只是存在一个技术和程序方面的问题，并不值得担忧。他认为，中国港湾公司当时与斯里兰卡港务局签订合同，而不是通过投资委员会（BOI）进行投资，是一个重大错误。因为港务局不具备职能（只能进行水域管理），无法把土地出租给中国。相反，与投资委员会（BOI）签订的合同可以进行为期99年的土地租赁，而且受到宪法保护。他认为，中方投资者当时可能以为斯里兰卡政府内部能够协调好这件事，但是没有预料到政府更替，从而遇到当前的尴尬局面。他的言外之意是提醒我们：中国企业过于依赖与上届政府的关系而忽视了斯里兰卡的正式政治制度，这是导致当前尴尬局面的主要原因。因此，他建议，未来中国投资企业应该通过投资委员会的渠道进行投资，投资者的权益可以得到切实保障。

中国港湾工程有限责任公司负责人对于上述说法进行了反驳。该负责人表示，当时公司曾邀请了国际一流的咨询公司和法律团队进行全面评估与审核，签约程序完全合规没有任何问题。当时是斯里兰卡港口工务部代表政府与中方企业签约，所有协议涉及的政府手续都由斯方负责完成。后面出现问题主要是因为填海造陆过程中实际产生的土地面积为269万平方米，比计划的230万平方米多出了39万平方米。这部分没有进行环境影响评价，以至于"落人口实"。而按照规定，对于这部分额外面积可以进行补充环评。但是所有环境影响评价的手续都要由斯方完成，因此所有的责任也都是在斯方。反对党对此并不知情，在竞选期间对该项目进行恶意炒作和抹黑。但是等新政府上台发现事实之后，也缺乏处置能力，以至于造成当前这种局面。而且，在这位负责人看来，这一事件最终伤害的是斯里兰卡政府以及科伦坡的经济。据他观察，自中国港湾项目停工以后，科伦坡当地的建筑业相关产业的项目基本也都停工，另外国际投资者对斯里兰卡的政府信誉和投资环境都持怀疑态度。他表示，公司已经准备好向斯里兰卡政府提出索赔要求，斯政府将负担全部经济损失，最终项目能否顺利进行还取决于斯政府赔偿的情况。在谈及此次事件的教训时，该负责人表示，当初在反对党通过社交媒体发起舆论攻击时，公司虽然也进行过一些宣传进行反击，但是该项目一直以来对外公开透明的力度还是不够。当地政治势力在将这一项目政治化的过程中展现出极大的政治能量，而这一点确实被中资企业低估了。

2. 港口城项目的未来

港口城项目的暂停给中国投资者带来了巨大的损失，对斯里兰卡的经济也造成了极大的不利影响。2015 年 3 月 10 日，逾千人在科伦坡集会，呼吁当局取消暂停项目的决定，避免约 5000 名港口城工人失业。中国港湾工程有限责任公司负责人表示，工程停工造成的损失最初几个月每天以百万元计，现在以十万元计。更为重要的是，由于海水上涨，原来吹填的陆地已经被大面积冲毁，即使将来恢复施工，也要重头干起。目前中方公司负责人表示，按照合同条款，全部损失都将由斯里兰卡方面承担。之前已经多次给有关方面发去法律函件，但是都不见回复。当时新政府曾声称很快就会完成调查，但是截至目前一直没有形成调查报告，项目也一直没有恢复开工。2015年3月斯里兰卡高速公路和投资促进部部长卡比尔·哈西姆（Kabir Hashim）表示，由斯里兰卡总理领导的委员会将会在数周内发布科伦坡港口城评估最终报告，如果报告表明港口城项目对国家不利，就有可能会被叫停。总理维克勒马辛哈成立了特别委员会和一个内阁附属委员会进行调查，由总理，总检察长，财政部、港务局和环境部门等多个部门的官员组成。2015年9月17日，中国港湾工程有限责任公司与斯里兰卡政府签署了科伦坡港口城项目延期协议。根据协议，该项目将延期6个月，在延长期的前两个月，斯里兰卡方面将全力完成项目的相关批复，推动项目尽快复工。

我们思考并提出的问题是：同样都是被当地政治斗争所绑架成为政治化的标志，中国港口城项目是否与缅甸密松水电站建设项目有所不同，以及有何不同？经过此次调研之后，我们初步认为二者存在很大的差异。据有关专家分析，缅甸密松水电站项目已经成为当地民主化进程的一个标志，如果重启该项目将意味着缅甸民主化进程的倒退，因此当地没有哪个政治力量会推动重启。但是在斯里兰卡中国港口城项目上，虽然此次政府更替也被西里塞纳称为是"民主对腐败的权威主义的胜利"，但是所面临的局势却完全不同。首先，该项目是经过合法的程序完成审批，斯里兰卡政府始终认可该项目的合法性，目前只是存在技术性的问题。其次，参与该项目的投资方不仅有中国，还有新加坡等国际投资者。此次项目搁置引起了国际社会对斯里兰卡政府信誉以及当地投资环境的怀疑。最后，虽然新政府试图通过暂停和审查相关项目来寻找前总统的腐败证据，但是截至目前也没有明显结果，进一步地将问题升级和政治化可能并不利于执政者的内部团结。在国际方面，新政府似乎也无意讨好印度而得罪中国（背后有国际投资者的关注），在经过一番权衡之后，斯里兰卡政府最终不得不放行并进行赔偿。

3. 斯里兰卡的经济前景与投资环境展望

斯里兰卡政府投资委员会（BOI）副主席费尔南多

先生非常热情地向我们介绍了斯里兰卡的投资环境。他强调，斯里兰卡的区位优势和人才优势非常明显，在整个东亚和南亚的投资环境竞争力位于前列，高学历和讲英语的人才是其重要竞争优势。斯里兰卡在旅游、农业、中型和重型制造业、生物医药业等新兴产业都有非常好的发展前景，政府在政策方面予以重点支持。

正在科伦坡当地参与建设工程的云南建工集团有限公司斯里兰卡公司负责人告诉我们，斯里兰卡的基础设施市场前景广阔。特别是在科伦坡以外的农村地区，交通基础设施薄弱，大约相当于中国西部地区20世纪90年代的水平，因此未来市场空间很大。另外，即使是在科伦坡，当地的酒店等服务业也会因为旅游业的发展而得到投资者的青睐。但是当地的保护主义色彩较浓，外部投资者较难进入。他们也提到，印度在斯里兰卡当地的影响力很大，比较排斥中国的投资者。

三 新政府的政策转变与中斯关系未来走向

新一任斯里兰卡总统西里塞纳郑重承诺将推进政府问责、人权保障以及化解族群冲突等行动，推动民族和解。考虑到中国与斯里兰卡关系的加强，是发生在2005

年之后中国填补了美国、欧洲以及日本等国因为斯内战时期的人权问题而削弱援助的背景之下，新政府的执政理念以及对未来中斯关系的走向，也是我们的主要关切。

1. 斯里兰卡的政权更替、治理改善与中国援助

斯里兰卡新政府明显加强了与印度，特别是与日本、欧美的关系，以寻求支持。2015年10月，斯总理维克勒马辛哈访问日本，安倍承诺向斯里兰卡提供大约454亿日元（约3.77亿美元或18.85亿元人民币）基础设施援助。维克勒马辛哈表示，政府将通过确保透明度和良好的治理，来创造更有利的投资环境。我们对此应该如何理解呢？

IPS副所长维拉孔博士表示，这在很大程度上不是替代中国，而是寻求更加平衡（balanced）的外交关系，改变过去斯里兰卡过于依赖中国（tilt to China）的局面。

RCSS所长艾哈迈德博士认为，当前新政府的外交转型并不仅仅是出于地缘政治的因素考虑，也有自身内部的权衡。他认为，中国在斯里兰卡所扮演的角色基本上是正面的（positive），问题出在斯里兰卡的政府；过去斯里兰卡对中国的依赖确实导致了治理问题，比如家族腐败等。RCSS副所长米娜女士明确提出，西方的治理理

念有助于推动斯里兰卡的国内治理改善，而中国不加任何条件的援助会使政府失去改革的动力，甚至可能会恶化治理。中国应该考虑到斯里兰卡作为一个民主国家能够进行政权更替这个特点，采取更加灵活的对斯政策。她表示，自 2009 年结束内战以来，斯里兰卡的人权问题长期受到挤压，马欣达·拉贾帕克萨总统一家三兄弟控制了政府权力，长期缺乏改革的动力。中国在其中扮演了助长马欣达总统这种统治的角色，不利于斯里兰卡的治理改善，以至于"陷入中国援助"的困境（trapped in China）。RCSS 的这种观点可以引用赞比亚经济学家莫约在《援助的死亡》一书中的表述："依靠援助的经济会导致国家的泛政治化，以至于中产阶级的兴旺与否完全取决于它的政治忠诚度。它通过增加政府负担，削弱个人自由而使公民社会长期处于虚弱的状态。"①

　　RCSS 是一个主要接受国际组织研究资助的研究机构，受西方人权和治理理念影响较深。他们自己也称，被认为是斯里兰卡的"右翼"机构，尽管他们自己极力否认这一点。当我们问起当今政府如此强调人权和治理

---

① ［赞比亚］丹比萨·莫约：《援助的死亡》，王涛、杨惠等译，世界知识出版社 2010 年版，第 41 页。

问题，是否要重新走向西方怀抱，彻底扭转 2005 年以来的人权观念时，艾哈迈德博士明确回答并非如此。他说，内战时的人权问题与大选后的人权及治理问题是两回事，会分开看待。因为自从"泰米尔猛虎组织"被消灭之后，斯里兰卡国内的情况已经大为不同。斯里兰卡确实感谢中国在内战时期对其的支持，但是现在斯里兰卡政府应该考虑其社会治理问题。他强调，斯里兰卡前任政府并不区分经济领域与安全（及政治）领域，现任政府则要在二者之间进行明确区分。

因此，艾哈迈德博士建议中国要考虑到斯里兰卡的政治体制——每 4—5 年轮换一次，不能与某一届政府走得太近，而应该有一定的灵活性。斯里兰卡此次大选是一次真正意义上的全国大选，因为自 1983 年 7 月进入内战，直至 2009 年内战结束，斯里兰卡一直处于分裂状态。在这次大选中，斯里兰卡东部和北部的泰米尔人真正加入到大选中来。因此，此届新政府很为自己通过民主选举上台的合法性自豪，认为这次选举证明了斯里兰卡社会进行自我调整和治理的能力，能够有信心面对未来的挑战。

2. 新政府暂无能力考虑长期经济发展战略

"一带一路"的愿景是对接沿线国家的经济发展战略，共同实现长期经济发展与繁荣。此前，斯里兰卡上届政府曾表示，"一带一路"与斯里兰卡的"马欣达愿景"可以紧密结合，"中国梦"将会助力"马欣达愿景"。2009年结束内战之后，马欣达·拉贾帕克萨总统提出了"马欣达愿景"，提出要把斯里兰卡建设成为亚洲的知识、航空、投资、商业和能源等领域的五大中心；要在2020年将人均国民生产总值从不到2000美元提升到7000美元，从而使斯里兰卡成为中上等收入国家。此外，"马欣达愿景"还涉及很多社会和文化目标，包括加大基础设施建设，促进旅游业发展；推进乡村发展，帮助农民实现"不离乡的发展"；实现北部冲突地区重建，完成内战后民族和解；以及发展与世界各国友好关系，在国际事务中发挥独特作用等。

但是，新政府上任后不再提以前总统名字命名的这一长期愿景。新政府暂时也没有提出任何新的长期经济发展战略，"马欣达愿景"的政治前途尚未可知。当我们问到斯里兰卡新政府的经济发展战略时，IPS和RCSS的研究人员都表示，新政府尚未能制定出长期发展战略。

新政府的优先议题还是应付当下的经济问题。而且在我们调研时，有当地人士表示，当前的执政党已经长达十年没有上台执政，其执政能力堪忧。此次西里塞纳当选总统上台 10 个月后才选出内阁总理，可见执政党内部政治斗争剧烈。当前政府正面临财政紧张的问题，并且指控是前政府官员腐败导致。2015 年 4 月 21 日，数千名斯里兰卡前总统拉贾帕克萨的支持者在首都科伦坡的议会外举行抗议示威活动，要求撤销对拉贾帕克萨的贪污指控。同时，反对党和政府议员在议会上就前总统因贪污指控被反贪污腐败委员会传讯一事展开激烈的争论。目前 113 名反对党议员已签署请愿书，要求解雇总理维克勒马辛哈任命的反贪污腐败委员会总负责人。我们访问科伦坡城时，就已经看到大批警察在马勒大街附近聚集。当地的司机告诉我们，最近的聚集和游行是因为大学生上街抗议政府削减了补贴。2015 年 12 月 17 日，斯里兰卡上千名锡兰农民联合会的成员在科伦坡抗议政府削减化肥补贴的决定。从这些情况来看，新政府尚需要一段时间适应。也有人预测，新政府如果不能很好地处理当前局势，可能无法执政满期而很快会被迫下台并需要重新大选。

四 主要结论和政策建议

项目组此次对斯里兰卡的学术调研，极大地丰富了我们对"一带一路"实施过程以及未来前景的认识。特别是斯里兰卡的政府更替更是深化了我们对这一动态过程的理解和思考。对于此次调研，我们可以得出以下初步的结论。

1. 斯里兰卡对"一带一路"接受度较高

斯里兰卡国内政府和社会各界趋向于达成接受"一带一路"的共识，越来越认识到其中的机遇。不过就目前斯里兰卡国内的政治情况来看，新政府口头上承诺接受"一带一路"，但是实际上没有完全达成共识。斯里兰卡政局目前暂时处于政治纷争期，无法迅速启动对策，但是政治钟摆最终将回到均衡点。斯里兰卡最近陷入政府财政危机，当地经济萧条，观望中斯合作甚至使之停滞明显不利于当地发展。相信很快共建"21 世纪海上丝绸路"将会成为斯里兰卡跨越党派政治的共识，形成良性循环。当然中国也更加应该照顾到斯里兰卡国内的政治体制，兼顾各方利益，避免过于依赖某一方，应切实推动其国内的包容性发展。

2. 斯里兰卡的发展前景看好，未来主要依赖中方投资。

中国的这种角色是印度、日本和西方国家都无法替代的，对此中国政府应该有信心。中国的这种地位有利于克服各种地缘政治因素的阻碍。斯里兰卡西里塞纳政府今年曾表示要向 IMF 寻求 40 亿美元贷款支持，但是被 IMF 拒绝。就在我们即将完成调研报告的最后时刻，2015 年 12 月 17 日，斯里兰卡政府宣布，将放行所有中企基础设施项目。斯里兰卡政府部长兼内阁发言人塞纳拉特纳（Rajitha Senaratne）称，虽然未经竞标且一些项目与专家建议相悖，但因合同具有法律约束力，这些项目无法取消。"所有项目都将继续实施，因为我们无法阻止它们。我们已经签署了协议。"随着港口城等一系列项目的启动，可以预见中斯关系很快会回暖，中国企业将会更加积极地前往斯里兰卡投资。相应地，中斯自贸区协定应该也会很快重回轨道。

3. 应改变对斯里兰卡的援助结构

中国的发展援助，对于推进中斯关系和"21 世纪海上丝绸之路"的建设具有重要意义。但是，中国应该更多考虑到当地的需要，不可过度依赖当政的政府，而是要考虑地方社会的结构，特别是兼顾当地族群关系、地区关系。正如我们调研中发现的，泰米尔人（主要在东部和北部地区）对中国的印象就偏向负面。而印度对斯援助明确要求侧重泰米尔人居住区。另外，中国也应该改变"提供不施加任何条件的援助就是好伙伴"的理念，未来可以积极研究增加援助的条件性，在援助中嵌入合适的价值规范，使之符合国际潮流和当地治理改善的需要。

4. 加强中斯智库方面的合作

中国智库和学者迫切需要加强与当地民间和政府研究机构的交流与合作，为"一带一路"提供更多知识储备，同时减少不必要的误解。双方学者都在交流过程中发现了这一问题的重要性。在"五通"目标中，"人心相通"有可能是最难达到的目标，但是有时候又需要走在最前面。

（执笔人：谢来辉）

第二节　斯里兰卡科伦坡港口调查报告

一　背景

2013 年 10 月，中国国家主席习近平提出共同建设"21 世纪海上丝绸之路"的倡议。斯里兰卡是首个以政府声明形式支持这一倡议的国家，这主要是出于以下几方面的原因：第一，中斯两国友好历史悠久，是大小国家间友好相处、互利合作的典范。公元 5 世纪，中国高僧法显到斯里兰卡研究佛经，开启了中斯友好历史。明代航海家郑和在 15 世纪时先后三次抵达斯里兰卡，加强了中斯联系。1952 年中斯冲破西方封锁，签署了著名的《米胶贸易协定》，成为中斯贸易的近代里程碑。2014 年 5 月，两国关系更进一步提升为战略合作伙伴关系。第二，斯里兰卡地理位置独特，是 21 世纪海上丝绸之路上具有重要意义的中转点，能够承接东南亚，辐射南亚，联系中东和非洲。第三，海上丝绸之路倡议与斯里兰卡的发展需求和发展战略高度契合，能为斯里兰卡带来实实在在的利益，为中斯战略伙伴关系的发展创造条件。中斯可在投资贸易、基础设施、海洋经济、海上联通、物流旅游等方面展开合作，将海上丝绸之路倡议转化为两国务实合作的成果。因此，斯里兰卡是"21世纪海上丝绸之路"建设的重要参与方，也将是主要受益方。

中国之所以提出"一带一路"战略，是因为中国的经济外溢效应要求中国与国际社会有一个长期有效的合作平台和战略方案，而中国的贸易运输网络已经成为瓶颈。2014年中国对外贸易总额已经达到4.3万亿美元，其中很大一部分基于海上运输，而通过陆地边界的过境贸易很少。对海运的压倒性依赖凸显了中国在海运领域的需求。中国拥有的船队数量在世界排名第九，海外母公司拥有的总吨位排名第四，有超过5000艘远洋商船，集装箱产量占世界的90%以上。加强地区互联互通是中国经济发展成果外溢的需要。斯里兰卡与印度有自贸区，如果中国与斯里兰卡签署自贸协定，那么等于中国和印度之间实现了间接的自由贸易。

1. 斯里兰卡独特的优势

自中国提出"一带一路"倡议以来，斯里兰卡由于其特殊的地理位置和独特的地缘政治优势，在中国的周边外交战略特别是"21世纪海上丝绸之路"建设战略中占据重要地位。斯里兰卡地处印度洋东西航道要冲，是

"21世纪海上丝绸之路"战略的重要支点，也是中国对外战略中的"关键性小国"。历史上，斯里兰卡一直是中东与南亚无法绕开的航道，到了现代，波斯湾出口的原油，只要目标买家是亚洲，依然必须绕经印度半岛和马六甲海峡，其间斯里兰卡海域是必经之路。

就地缘经济角度而言，印度洋作为"21世纪海上丝绸之路"的重要组成部分，是全球贸易、能源、原材料的航线集中地，整个印度洋的海运占据了全球集装箱运输的1/2，大宗海上货运的1/3，原油海运的2/3。[①] 与此同时，中国对印度洋的依赖程度也在上升，2013年中国超过美国成为全球最大的贸易国，其中40%的对外贸易需要通过印度洋，而且这一比例还在继续上升。2013年中国将近60%的石油进口（主要来自非洲和西亚）需要通过西印度洋的海上咽喉，这是中国在战略上的重大脆弱之处。[②]

自古以来，斯里兰卡（锡兰）就一直扮演着印度洋前哨的角色，它是远东和东南亚地区与西亚、欧洲、北

---

① S. Ramachandran, "Delhi All Ears in the Indian Ocean", *Asia Times*, 3 March 2006.

② 林民旺：《印度对"一带一路"的认知及中国的政策选择》，《世界经济与政治》2015年第5期。

非海上交通的要冲。斯是印度洋的枢纽，临近国际海运航线，科伦坡港不仅是地区货物进出的重要港口，而且是连接东西的关键节点。斯里兰卡得天独厚的地理位置，通过借助中斯友谊共建海上丝绸之路，将会使中国在印度洋地区的国际贸易和投资体系中占据主动地位。从地缘政治角度看，中国在印度洋地区缺乏战略支点。中斯共建海上丝绸之路，通过经济合作带动政治合作，最终将双边经济共同体提升至命运共同体。一旦实现上述目标，中国将突破美、日、印等国为应对中国崛起而形成的战略合围，中国的海上运输通道安全也将获得极大保障。

2. 斯里兰卡共建海上丝绸之路的益处

由于海上丝绸之路战略的合作切入点在于共赢，因此也得到了斯方的高度重视。首先，海上丝绸之路战略将为斯里兰卡成为印度洋贸易中心提供机遇。囿于本国产业结构和工业体量的限制，斯政府一直希望将斯里兰卡打造成全球航运中心，而发展转口贸易将成为斯未来的重点发展方向。在"21世纪海上丝绸之路"战略下，中方将大量投资斯里兰卡的港口、交通等基础设施，而良好的基础设施必将引来外部投资，这将给输血型的斯经济带来不竭动力。其次，通过"21 世纪海上丝绸之路"战略，斯里兰卡可以借助中国平衡印度在印度洋地区的影响力。早在 20 世纪 70 年代，斯就曾提出建立印度洋和平区的构想。但由于印度奉行的霸权主义政策，这一构想难以实施。通过引入域外大国平衡域内压力，不失为斯里兰卡等南亚国家的一种选择。此外，在国际上，斯里兰卡也需要中国的政治支持。斯目前面临来自西方的人权问题压力，通过海上丝绸之路建设巩固对华关系，有助于斯里兰卡改善当前自身的国际困境。

3. 斯里兰卡参与共建的战略考虑

首先，"21 世纪海上丝绸之路"契合斯里兰卡"马欣达愿景"发展战略。2009 年，斯里兰卡提出了国家振兴发展的"马欣达愿景"，目标是要把斯里兰卡打造成五个中心，包括海事中心、商业中心、能源中心、旅游中心和知识中心；要在 2020 年将人均国民生产总值从不到 2000 美元提升到 7000 美元，从而成为中上等收入国家。此外，"马欣达愿景"还涉及很多社会和文化目标，包括加大基础设施建设，促进旅游业发展；推进乡村发展，帮助农民实现"不离乡的发展"；实现北部冲突地区重建，完成内战后民族和解；以及发展与世界各国友好关系，在国际事务中发挥独特作用等。中国建设"21世纪海上丝绸之路"构想，和斯里兰卡制定的"马欣达愿景"长远发展规划高度契合。斯里兰卡前总统拉贾帕克萨在与习近平主席会谈时表示，建设"21世纪海上丝绸之路"的倡议与斯方打造印度洋海上航运中心的设想不谋而合，斯方愿意同中方共同建设和经营好汉班托塔港和科伦坡港口城等重点合作项目，加速双边自由贸易谈判，加强经贸、能源、农业、基础设施建设、卫生医疗等领域合作。可以预见，汉班托塔港和科伦坡港一旦完工，将成为印度洋主航道上的关键海港，斯里兰卡将更好发挥作为连接东亚和东南亚、沟通西亚、覆盖南亚的枢纽作用，从而奠定其在印度洋航运中的枢纽地位。

其次，斯里兰卡可以搭乘"中国快车"实现经济腾飞。斯里兰卡希望深化同中国在经贸与投资领域的合作，这一愿望契合"21世纪海上丝绸之路"构想。自2009年斯里兰卡内战结束后，中斯双方在斯各项经济社会建设领域进行了有力合作，中国公司承建了一系列大型基建项目，双方在经济领域的成功合作包括科伦坡国家大剧院，汉班托塔港，马塔拉国际机场，机场高速公路，南部高速公路，火电、水电站等建设项目。据统计，

2009 年以来中国共向斯里兰卡投入了 40 亿美元，这些钱是以援助、软贷款和赠款的形式提供的。目前斯里兰卡有近 70% 的基础设施项目是由中国金融机构提供资金、由中国企业施工的。根据斯里兰卡中央银行的报告，中国已经成为斯最大投资来源国，2013 年对斯投资的外资总额 20 亿美元中的 40% 来自中国。中国对斯里兰卡首都科伦坡援建的国际会议中心、音乐馆等项目十分显眼，斯目前唯一的高速公路也是中国建设的。可以说，近年来中国的贷款和投资在斯里兰卡内战后的重建中发挥了重大作用。中国直接投资不仅有助于扩大斯里兰卡外汇储备，创造大量就业机会，而且在技术转让和开发方面也为斯里兰卡带来不可估量的效益。2014 年 9 月，斯里兰卡投资促进部部长拉克什曼·阿贝瓦德表示，当前在斯投资局登记注册的 14 家中资公司建设的项目共为当地创造了 2500 多个就业机会。2014 年，中国启动在斯多个大型项目，其中包括投资 14 亿美元在首都科伦坡附近修建一座港口城，以及修建一座总投资 5 亿美元的集装箱码头。可以预见，"21 世纪海上丝绸之路"将为斯里兰卡带来更多的外国投资，特别是中方的直接投资，这将使斯里兰卡的经济面貌发生巨大变化，为其未来的经济腾飞奠定坚实基础。

最后，斯里兰卡通过打"中国牌"，增强对印度的外交筹码。通过支持"21世纪海上丝绸之路"战略，斯里兰卡可以借助中国平衡印度在印度洋地区的影响力，从而增强对印度的外交筹码。早在20世纪70年代，斯就曾提出建立印度洋和平区的构想，但由于印度奉行的霸权主义政策，这一构想难以实施。印度试图主导南亚的目标使得印度与邻国难以做到真正的平等对待、和睦相处。斯里兰卡作为印度的一个小邻国，对印度的猜疑、惧怕与戒备难以从根本上消除，但其自身又没有实力或能力抗衡印度。所以通过引入域外大国平衡域内压力，不失为斯里兰卡等南亚国家的一种选择。斯里兰卡十分清楚印度对"中斯合作"的顾虑，希望打出"中国牌"制衡印度，从而在与印度关系中占据更加有利的政治态势。另一方面，斯印间的分歧和历史记忆令两国实现完全互信仍有难度。处在经济改革进程中的印度，难以为斯里兰卡发展提供大量资金，也制约两国关系发展的广度。①

---

① 廖萌：《斯里兰卡参与共建海上丝绸之路的战略考虑及前景》，《亚太经济》2015年第3期。

但必须要引起高度重视的是，斯里兰卡为了获得足够的资金，必然会采取中间路线，把中国与世界各国在意识形态和政治体制上的差异发挥到极致，最大限度换取西方经济强国的支持。斯里兰卡这种战略定位，注定中国在斯里兰卡的利益会始终存在与以印度为主的其他国家博弈的状态。

二　斯里兰卡社会及政治现状

1. 民族构成

斯里兰卡目前最主要的民族有 4 个，分别是僧伽罗人、泰米尔人、穆斯林以及伯格人，前三个民族都与印度有非常密切的关系，其中僧伽罗人占斯里兰卡总人口的 70% 多，其民族起源有浓厚的印度情结。历史上来自印度的移民源源不断流入斯里兰卡，随之而流入的有印度的文化、工艺，今天的僧伽罗人普遍认为自己与印度雅利安民族有共同渊源，而泰米尔人本身信仰印度教，与普通印度人无异。语言方面，僧伽罗语与北印度的地方语言有很大共性。僧伽罗人与泰米尔人之间的民族冲突由来已久，赫赫有名的"泰米尔伊拉姆猛虎解放组织"（简称"猛虎组织"）在印度南部的后勤支持和武装支援下，在斯里兰卡活跃了将近 30 年。印度一方面与斯里兰卡政府达成协议，派出维和部队进入斯里兰卡，另一方面又未从根本上根除泰米尔武装组织的反抗，1990年印度撤军之际，反而释放了 1500 名"猛虎组织"成员，使其卷土重来。直到 2009 年击毙"猛虎组织"领导人后，斯里兰卡政府才宣布内战结束。

2. 政府换届

斯里兰卡政府换届过程中出现大的逆转，2014 年 11月 20 日，前总统拉贾帕克萨宣布提前两年举行总统选举，他执政已达 10 年，通过修改宪法使自己能再次参选，从国际舆论来看，他在外交政策等方面是亲中国的。在他执政期间，斯里兰卡结束了近 30 年的内战，经济增速连年保持在 7% 以上，他所在的自由党根深叶茂，反对党很难与之抗衡。第二天，原本没有悬念的大选出现了变数，拉贾帕克萨曾经"坚定的支持者"，时任自由党总书记的西里塞纳突然宣布，脱离效忠了 37 年的自由党，转投反对党统一国民党并担任该党总统候选人。同时倒戈的还有 20 位部长和高官。最终前卫生部部长西里塞纳以不足 4% 的得票率优势击败了主政十年的拉贾帕克萨。在调研中也有人称，此次斯里兰卡政局大倒戈据说也是印度和美国在幕后操作斡旋的结果。

3. 政治现状

目前斯里兰卡政府是亲印派主导，而莫迪上台后印度采取的"邻国优先"（neighbor first）政策将提高其对斯国家政策走向的影响力。在斯里兰卡新政府的外交取向问题上，平衡中国影响的天平另一端，毫无疑问是与斯里兰卡一水之隔的印度。2015年1月大选中，对华友好的前任总统败选，反对党上台执政，彭博新闻社曾评论说："斯里兰卡选举结果摧毁了中国外交的关键。"斯新任总统表示，将与印度、中国、巴基斯坦和日本建立"均等关系"；新任总理竞选时就表示，如果上台将废止科伦坡港口城项目协议。斯里兰卡复杂的政治生态及地缘政治，是种子项目出现问题的根本原因。

此外，还应注意到，总统西里塞纳目前仍是斯里兰卡名义上的实权人物。但是，如果西里塞纳推行的"内阁制"得以通过修宪取代"总统制"，那么总理维克勒马辛哈将有可能成为斯里兰卡真正的实权人物，掌管国家最高权力。当然，需要注意到，修宪需要议会2/3多数支持，考虑到此次议会选举中，维克勒马辛哈只是以微弱优势获胜，未来西里塞纳能否获得2/3支持修宪，前景并不明朗。

原总统拉贾帕克萨仍将以反对党党员身份在国会服务。考虑到拉贾帕克萨的巨大影响力，新内阁能否开展有效工作，帮助西里塞纳实施政治改革仍值得关注。总统与总理的权力博弈将成为斯里兰卡政治改革能否顺利推进的关键变量。西里塞纳的执政经验和执政能力相比维克勒马辛哈还尚浅。维克勒马辛哈总理曾有和总统"不合"的先例，西里塞纳能否与维克勒马辛哈和谐共处值得关注。

新政府上台后，在打击腐败方面力度尤为明显，一是打击拉贾帕克萨家族腐败，二是打击军队腐败。西里塞纳上台后，一定程度上从原总统拉贾帕克萨手中接过了将经济发展成果更多惠及普通民众这一块"烫手山芋"。尽管西里塞纳击败劲敌，但他目前并未提出解决当前通货膨胀、过分依赖外资等经济问题的政策主张。未来，西里塞纳为首的新政府能否顺利地将斯里兰卡近年来的经济发展成果转化为促进改善民生的强大动力，从而不断巩固自身执政基础，仍待进一步观察。

斯里兰卡在内战期间的"人权"问题成为制约美斯两国关系发展的重要障碍。日本在"人权"问题上向斯里兰卡政府施压，强调要将援助项目与"政府良治"相挂钩，损害了斯里兰卡与日本两国的政治互信。西里塞纳曾明确表示，反对联合国人权问题调查团调查斯内战中的人权问题。因此，未来西里塞纳能否真正改善与美日等国的国家关系也还是未知数。在斯里兰卡的地缘政治环境中，中国一直被视为抗衡印度的重要力量。来自中国的投资和援助等更是斯里兰卡经济发展所不可或缺的资源。虽然西里塞纳竞选期间一直强调将推行更加"重视"印度的对外政策，并对中国在斯投资问题上提出过异议，但这并不意味着他将在对华政策上完全转向。

三　斯里兰卡与印、日、中的关系

1. 与印度的关系

印度前海军司令曾说过，斯里兰卡对于印度有着非常重要的战略价值，就像爱尔兰相对于英国一样……只要斯里兰卡对印度保持友好或中立，印度就没有什么值得担心的；而如果斯里兰卡落入印度敌对势力之手，那么印度将无法容忍这种危及印度安全的局面。[①] 在 2007

---

① Ravi Kaul, "The Indian Ocean: A Strategic Posture for India", in T. T. Pculose ed., *India Ocean Power Rivalry*, New Delhi: Young Asia Publications, 1974, p. 66.

年印度发布的《海洋军事战略》中，斯里兰卡不仅处于它所划定的首要利益区之中，而且事关印度的地缘经济利益和能源安全。同时，它又位于印度洋和国际航运的重要节点，极易出现印度警惕的两类威胁：非传统安全威胁与敌对国的海军威胁。[1] 所以，印度自然将斯里兰卡视作关系自身海洋安全利益的核心要素，并极力排斥其他国家的进入。[2]

印度纳德邦的泰米尔人与斯里兰卡的泰米尔人同宗同源，在斯里兰卡2033万人中，泰米尔人约占15%，僧伽罗人约占75%。内战以来，纳德邦的海滨地区一直是斯里兰卡泰米尔人的避难所，有一半以上的泰米尔反叛组织曾在该邦接受培训。至今，该邦仍有10万以上的斯里兰卡泰米尔难民。[3] 虽然斯政府军在军事上击败了"猛虎组织"，但是至今两大族群之间的政治和解并没有实现。泰米尔人的不满和怨恨这一曾导致反叛运动的因

---

[1] Indian Navy, *Freedom to Use the Seas: India's Maritime Military Strategy*, New Delhi: Ministry of Defence, 2007, p. 59.

[2] Scott, David, "The Great Power 'Great Game' between India and China: 'The Logic of Geography'", *Geopolitics*, Vol. 13, No. 1, 2008, pp. 1 - 26.

[3] 据纳德邦地方政府统计，截至2013年3月，在该州共有66198名斯里兰卡泰米尔难民居住在112个难民营中，34826人散布在难民营以外。

素依然存在。

　　斯里兰卡和印度有悠久的历史和地缘联系，同印度保持友好关系是斯外交政策的重点。2015 年 2 月 16 日，斯里兰卡新总统西里塞纳选择印度作为他上任后出访的第一站。双方在民用核能、教育、文化、农业领域签署了 4 个协议，双方同意加强防务安全和海洋安全的合作，计划建立印度、斯里兰卡和马尔代夫三方海洋安全合作机制。印度总理莫迪表示，印度愿在发展领域成为斯里兰卡的合作伙伴，印度还愿意增加进口斯里兰卡商品并发展对斯旅游合作。双方将就建立服务贸易自由区进行谈判，还将在佛教国际文化中心、印度北部比哈尔邦的那兰陀大学开展教育合作。斯里兰卡总统西里塞纳表示，双方同意在诸多领域加强合作，斯方也希望印方能够在国际上继续对斯方提供支持。此外，印方十分关注中国在斯里兰卡基础设施发展上发挥的作用，要求斯里兰卡就中国融资的 14 亿美元科伦坡港口项目的地位进行阐明，印方认为该港口对新德里具有安全隐患。

　　2015 年 3 月，印度总理莫迪访问斯里兰卡，两国就共同提升军事训练能力等议题进行磋商。印度还积极争取斯里兰卡最终批准印度国家电力集团在斯里兰卡东部港口城市亭可马里新建一座 500 兆瓦的发电厂。耐人寻味的是，在印度访问斯里兰卡前夕，斯里兰卡单方面宣布暂停中国"科伦坡港口城"项目。不难看出，印度欲借西里塞纳刚上台之机，修复与斯里兰卡的关系，而斯里兰卡新政府也迫不及待想与印度加强关系。印度的地理位置、国家实力以及印度与斯里兰卡两国间的历史和宗教联系等决定了印度在斯里兰卡的外交棋盘中占据压倒性的优先位置。印度一直深度介入斯里兰卡民族问题，是斯里兰卡民族和解最不容忽视的外部因素。

有不少印度学者认为，斯里兰卡对印度的地理位置极其重要，再考虑到人文和历史因素，无论是血缘还是现实，印斯两国关系都非常特别。印度推出了与"21 世纪海上丝绸之路"差不多的"季风计划"（Mausam Plan），① 针对中国"一带一路"倡议的意图十分明显。新德里对斯里兰卡 2015 年 1 月的总统大选大力干涉，主要是阻止支持"21 世纪海上丝绸之路"在斯里兰卡进行的"亲华"领导人连任。与中国外交政策的"不干涉内

---

① "季风计划"指的是以环印度洋区域深远的印度文化影响力以及环印度洋国家和地区间悠久的贸易往来史为依托，以印度为主力，推进环印度洋地区各国加强合作，共同开发海洋资源，促进经贸往来等。

政”原则不同，印度外交政策中“不干涉内政”与“干涉内政”两大原则并存。[①]

近年中斯关系的迅速发展，引起印度的猜忌和警惕。印度认为迅速崛起的中国正利用斯里兰卡这一支点进入印度洋，中国加大了对斯里兰卡的对外投资和经贸往来，引起了印度的本能防范和排斥。中国参与斯里兰卡的港口、机场等工程建设是对印实施“珍珠链”包围战略的一部分。[②] 2013 年 5 月，在拉贾帕克萨总统访华期间，中国与斯里兰卡共同决定，将中斯关系提升为战略合作伙伴关系。虽然这种合作并非针对第三方，但仍难以消除印度的疑虑。或许可以这样说，从经济角度看，中国是斯里兰卡不可或缺的伙伴，但从地缘政治和国家安全角度看，身处印度后门的斯里兰卡确实不能忽视印度这个“兄长和邻居”的影响。

中国在南亚对印度构成威胁的观点正在印度滋生蔓

---

① 庞中英：《海上丝路战略面临最大挑战：印度推季风计划反制》，2015 年 2 月 28 日，联合早报网，http：//www.zaobao.com/wencui/social/story20150228 – 451522。

② “珍珠链战略”是一个由美国人发明的不规范的战略概念。这一术语传播到印度后，迅速引起了印度战略和防务界的极大关注，并成为印度政府制定印度洋安全政策的重要内容。

延。"印—斯—中"三角关系将继续处于动态平衡之中。斯里兰卡一直坚持不结盟政策，其主要诉求包括：第一，谋求印度对斯里兰卡新政府在处理国内泰米尔问题上的理解和支持；第二，争取中国来部分抵消印度基于历史、地缘和经济在斯里兰卡的过大影响。在安全战略上更多依赖近在咫尺的印度，而在经济发展上继续寻求中国的支持，从而实现其所谓"平衡"外交。

中国应积极加强与印度的沟通与协调，特别是应坚持与印、斯通过对话协商的方式解决地区问题和相互之间的安全担忧。向印和斯表明中方对中、斯、印三方合作持开放态度，表明中国愿积极探讨三方可能合作的领域和可行途径。① 我们要冷静、理性看待印在斯的利益关切，避免与其零和竞争。一方面，中国应通过积极释放中方希望中斯、中印关系都能良好发展，也乐见斯里兰卡和印度关系不断发展的胸襟和态度，消除印度对中国在斯里兰卡开展正常商业活动的猜忌和顾虑。另一方面，中国应与印度积极探讨发挥中印各自优势，共同为斯经济、社会发展发挥积极作用。

---

① 卢光盛：《斯里兰卡国家风险评估与对策》，《国际工程与劳务》2015 年第 11 期。

2. 与日本的关系

2012 年 12 月，安倍晋三在《世界报业辛迪加》发表文章，明确提出牵制中国的"安保钻石"构想（图1），即日本、印度、澳大利亚和美国夏威夷连成钻石形海洋线，与亚洲的民主盟友共同确保西太平洋至印度洋之间的海上航行自由。由于日本 80% 的原油和天然气需经马六甲海峡从中东进口，使得斯里兰卡靠近印度洋的航道对日本来说显得格外重要。另外，中国在过去几年对斯里兰卡在军事和经济上的援助，特别是 2009 年开始，中国超越日本成为斯里兰卡的主要援助国，使得中国在斯里兰卡的影响力大增。出于以上两方面的考虑，日本逐渐把斯里兰卡纳入其战略议程，以推进"安保钻石"构想，进一步扩大在南亚的影响力。

斯里兰卡方面，也想继续发展和日本的亲密关系，并以此来缓解美国政府对他们的压力。2009 年之前，日本是斯里兰卡最大的外援国。后来中国很快取代了日本，坐上稳居国际援助斯里兰卡的头号交椅。从斯里兰卡中央银行的数据可知，国际援助一向是斯投资兴建大型项目的主要资金来源，也是弥补财政赤字的主要途径。

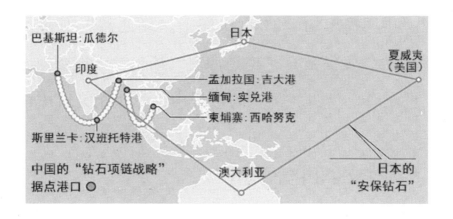

图1   中国的"钻石项链战略"与日本的"安保钻石"

2013年3月，日本和斯里兰卡发表共同声明，日本承诺向斯里兰卡提供总计438亿日元（4.8亿美元）的发展援助基金，其中3.3亿美元用于扩大斯里兰卡的国际机场，1.3亿美元用于基于日本地面数字广播集成服务系统的电信和广播行业的基础设施建设。两国还将加强政府间的磋商，以扩大双边贸易和投资。2014年9月，安倍晋三访问斯里兰卡，以保护日本在南亚的影响力为主题，期望以此削弱中国。这是24年以来日本首相首次访问斯里兰卡。两国发表联合声明，指出两国领导人决定将两国关系提升到海岸国家新型合作伙伴关系，旨在维护太平洋及印度洋地区稳定，并且积极推进海上安保合作，日本承诺为斯里兰卡提供巡逻船。可以预见，中国提出的"21世纪海上丝绸之路"难免与日本推进的"安保钻石"构想冲突，斯里兰卡在参与共建"21世纪海上丝绸之路"的过程中，无法绕开日本的因素。

3. 斯新政府对中国的态度

西里塞纳上台后主张外交政策的核心是要降低对中国的依赖，加强与原本就有联系的日印的关系，并推行"百日施政计划"，旨在为包括中方企业在内的外国投资者营造一个更加透明、稳定、法治的投资环境，使斯成为更有吸引力的投资目的地。围绕这一计划，斯新政府在成立之后即开启对外国投资项目的复审。虽然项目复审涉及澳大利亚、伊朗等国以及斯里兰卡本国的一些项目，但由于中国目前是斯里兰卡最大的外资来源国，因此有舆论认为，斯新政府的这一措施旨在针对中国。2015年3月5日，斯里兰卡政府宣布决定暂停中国企业投资建设的"科伦坡港口城"项目。这个项目是中斯合作最重大的项目，也是中国"21世纪海上丝绸之路"建设最大的对接项目。斯里兰卡政府认为该项目涉嫌规避当地法律和环境要求，需要重新评估，并要求中方公司提供相关政府部门颁发的有效许可证明。

中国在斯里兰卡的其他项目：汉班托塔港项目——由于汉班托塔港独特的地理位置以及中方承建的背景，项目启动以来备受关注。部分印度和西方媒体对项目建设的动机和影响进行了炒作和歪曲。但是，西里塞纳对汉班托塔港等斯里兰卡大项目建设表示支持，并且表示政府愿与中方一道落实好两国已达成的各项协议。南部铁路项目——该项目不仅有利于推动斯里兰卡铁路网升级，提升客货运量，也有利于带动铁路沿线旅游等产业发展，帮助该国重振经济。同时，南部铁路建设也有助于发挥斯里兰卡通向南亚地区的门户作用，推动"21世纪海上丝绸之路"战略在斯里兰卡实现对接。目前，斯里兰卡政府并未对该项目提出异议。

值得关注的是，2015年8月11日，斯里兰卡财长拉维·卡卢纳纳亚克向路透社表示，斯里兰卡希望达成一个"双赢"的局面，让延迟了几个月的中国承建的建设项目重新动工。因此，斯里兰卡正在寻求科伦坡港口城项目的折中方案，这或可允许该项目在搁浅数月后重获启动。港口城项目的障碍之一是中国开发商因该项目将获得20公顷自由保有土地，这个项目距科伦坡的商业区非常近。斯政府正在重新谈判一个协议，该协议试图将争议的 20 公顷土地的"自由保有权"改成"双方共同持有"，从而"帮助产生将带来双赢局面的最终谅解"。

从与斯国内政府高层的访谈来看，斯方将"一带一路"看作是中国与周边国家发展更加紧密的经贸关系，并以此为基础打造辐射全世界商业网络的设想。斯方目前的国家发展战略关注地区和平与发展问题。斯方愿意在这两个层面与中国在"一带一路"框架下加强合作。但是，斯方也强调，斯里兰卡新政府会与原来关系上有些疏远的国家重新建立好友关系，希望在保持同中国、俄罗斯友好关系的同时，也同美欧国家重新建立友好关系。① 在这种"平衡"外交战略的思维下，斯方的外交取向会出现多元化趋势。

4. 斯平衡外交战略的逻辑

斯里兰卡在中国、日本、印度等国之间，推行平衡外交的战略是符合斯里兰卡国家利益的。由于斯里兰卡

① 张凯：《中国的"一带一路"倡议有助于推动斯里兰卡经济发展——专访斯里兰卡总理特别顾问萨曼·阿萨达希提》，《当代世界》2015年第 11 期。

在经济上同时需要中国、日本和印度，在安全上也对中国、日本和印度各有需求。斯里兰卡作为一个与中国、日本、印度实力相差甚远的小国，清楚自身的战略地位和自身国家发展的需求，实时灵活奇妙地运用自身的外交资源，以便最大程度地"搭顺风车"，这是斯里兰卡处理中国、日本和印度关系的最主要的战略逻辑。另外，斯里兰卡是中、日、印三国重要的合作伙伴，对中国来说，斯里兰卡地理位置十分重要，中斯两国长期以来的友好关系要持续发展下去，2014 年两国关系提升为战略合作伙伴关系；对日本来说，斯里兰卡在印度洋的交通运输和能源运输中作用突出，2014 年两国关系提升为海岸国家新型合作伙伴关系；对印度来说，斯里兰卡是印度重要的邻国，两国在宗教、历史、文化等方面有很深的联系。

四　斯里兰卡近年来的经济状况

1. 经济总体概况

2014 年斯里兰卡的经济增长率为 7.4%，与 2010 年以来的年均增长率基本持平。其他的宏观经济指标基本保持良性发展，年均通货膨胀率降低到 3.3%，最优惠贷款利率低至6%，汇率基本保持稳定。斯里兰卡的对外经常账户赤字从2011年的峰值（占GDP的7.8%）下降到2.7%，这主要得益于旅游业的高速增长，而贸易赤字仍然高达GDP的11%，汇款占GDP的9%。

虽然宏观经济指标向好，但与宏观经济稳定性相关的财政压力较大。2014年财政赤字占GDP的6%，与2013年持平，虽然与2009年占GDP 9.9%的高位财政赤字相比有所下降，但距离5.2%的目标还有差距。财政收入在持续减少，特别是2014年税收收入达到了空前的低点10.7%。财政数据表明斯里兰卡的长期债务具有脆弱性，且经济增长过度依赖基础设施投资。2014年公共投资占GDP的比重已经从2009年的峰值6.8%削减到5%。

对于2015年的早期选举而言，上届政府在2014年的经济表现可圈可点，但导致选举失败的原因与经济关系不大，主要是管理和腐败问题。2015年前半年斯里兰卡的经济在政策真空的状态下运行，因为政党主要为宪法和选举改革而斗争。新政府上台后，实施了一系列削弱总统权力、向总理实权制转变的改革，并宣布实施"百日变革计划"。按照计划，应在针对选举改革的宪法修正案通过后，于 2016 年 4 月解散议会。但是，大选后的党派分化导致该修正案迟迟无法通过，解散议会和新议会选举被一再推迟。在过渡期间，斯里兰卡的经济政策有所分化，同时还伴随着不太稳定的财政政策、汇率压力和 GDP 稳健增长的压力。

斯里兰卡中央银行（CBSL）将 2015 年的 GDP 增速调整为 7%，这是自 2011 年以来首次下调 GDP 预期增长率。但斯里兰卡第一智库斯里兰卡政策研究所（Institute of Policy Studies of Sri Lanka）认为，在高速增长（8.2%）和经济过热迹象出现后，适度放缓经济增速是一个深思熟虑的决定。降低 2015 年经济增速的原因很多，但主要还是为了实现政治过渡期对经济方向的平稳交接。但 2015 年 4 月经修订后的目标更具目标性，因为 2015 第一季度经济增长徘徊在 6.4%，而且在"百日变革计划"后，国家政策仍然深陷僵局，并在下半年仍保持这种状态。

2. 利用外资状况

从总体上来看，自 2009 年内战结束后，斯里兰卡利用外国直接投资额总体上呈波浪式增长态势。近年来，斯里兰卡经济保持快速增长，经常项目逆差得到小幅改善，宏观经济失衡加剧的势头得到遏制，为财政收入稳定增长提供了保障，政府赤字和债务负担呈小幅下降趋势，偿债能力趋于稳定。斯里兰卡是一个快速发展的新兴市场，其市场规模及潜力不可小觑。斯里兰卡拥有不断膨胀的购买力和日益增长的消费需求。但是斯里兰卡仍然存在经济结构不合理、贸易赤字和依赖外债等突出的问题，特别是持续多年的内战导致东部省和北部省的发展近乎停滞等是斯里兰卡经济发展的制约性因素。

斯里兰卡有完善的保护投资者利益的法律法规体系。斯里兰卡宪法和相关法律规定私人和外国投资不容侵犯。斯里兰卡还是多边投资保护组织（MIGA）的创始成员。此外，斯里兰卡同意在斯的投资争端可使用国际商会的条款予以仲裁。值得注意的是，2011 年 11 月，斯里兰卡政府通过了一项颇具争议的议案，允许政府对"利用率低下"的企业进行国有化。相关动向可能引起投资者的担心，进而会对斯里兰卡吸引他国投资造成一定的负面影响。

3. 重新评估 GDP 增速

斯里兰卡的经济自 2010 年来每年的平均增速高达

7.5%以上，但在这显著的经济成就中来自贸易的贡献并不大，主要还是有私人消费和公共投资驱动的。自2006年以来，斯里兰卡的发展项目主要是基础设施领域的，公共投资曾一度占到GDP的6%，而此前大约为4%。内战结束后，自2010年开始大量的基础设施项目开始动工。建筑行业的蓬勃发展显著拉动了第二产业的增长，2010年后服务业部门也快速扩大，主要是运输、信息化和零售业。斯里兰卡政府确实将基础设施视为释放经济增长潜力的机会。诸多大型道路基础设施项目的确促进了国内城市的相互联通，满足了快速增长的公共产品需求。但是，如果没有强大的私人部门投资，港口和机场等投入巨大的公共基础设施项目将难以为继。

从近年来的数据来看，斯里兰卡的经济增长主要是由消费驱动的，大概占GDP的80%—85%，这与亚洲很多新兴经济体市场形成反差，在那些国家，经济增长是由投资驱动进而向世界其他地方供应产品。目前斯里兰卡的高消费水平伴随着政府过度扩张的财政政策，高负债水平以及经常账户赤字出现。

表 1   斯里兰卡的消费、投资和储蓄占 GDP 的比重   （%）

	2012 年	2013 年	2014 年
私人消费	69.6	66.9	65.4
总消费	83.1	80.0	78.9
私人投资	23.7	22.7	22.9
总投资	30.6	29.5	29.7
国内储蓄	16.9	20.0	21.1
国民储蓄	24.0	25.8	27.0

数据来源：《2015 年斯里兰卡的经济状况》，斯里兰卡政策研究所，2015 年。

4. 财政收支

多年以来，斯里兰卡扩张的公共财政是驱动经济增长的龙头，并推动了诸多大型发展项目，但阻碍了公共服务的快速高效发展。财政赤字高达 GDP 的 10% 已是家常便饭，在宏观经济政策管理的其他关键领域引发了连锁反应，特别是货币政策的传导机制。一个明显的后果是斯里兰卡的通货膨胀率居高不下且波动性较大，阻碍了私人投资和储蓄。随着财政失衡的加剧，斯里兰卡的负债也在上升，2004 年达到了峰值，负债率高达 GDP 的 102%，这缩小了政策干预的空间，并限制了正常应对国内外冲击的能力。

2009 年斯里兰卡的财政赤字高达 GDP 的 9.9%，但之后在扭转财政困局方面该国取得了显著进步，2014 年时财政赤字已降到 GDP 的 6%。财政赤字的收缩伴随着财政紧缩，主要是削减经常支出的同时增加资本投资。在同一时期，公共债务占 GDP 的比率逐步从 86.2% 下降到 75.5%。但即便整体宏观经济指标有一些改进，斯里兰卡的财政状况仍然脆弱。其原因主要有两个方面：一方面是未能理顺和精简各级政府支出，另一方面是未能扭转斯里兰卡不断恶化的政府收入情况。

表 2	斯里兰卡的部分财政指标占 GDP 的比率		（%）
	2012 年	2013 年	2014 年
财政总收入	13.9	13.1	12.2
税收收入	12.0	11.6	10.7
财政总支出	20.5	19.2	18.3
经常开支	14.9	13.9	13.5
公共投资	5.9	5.5	5.0
财政赤字	6.5	5.9	6.0
公共债务	79.2	78.3	75.5

数据来源：斯里兰卡中央银行历年报告。

经常支出占 GDP 的 110%，其构成如下：主要是工资收入、支付公共债务的利息、转移支付和补贴。这些都没有发生较大改变，因而在公共财政管理方面缺乏实质性的改革，这关系到公共部门改革举措和福利措施。斯里兰卡的公共部门雇员数目庞大且不断增长，2014 年占全社会雇员的 15.3%。此外，斯里兰卡还开展了一系列补贴和转移支付，这些举措的目标性和福利有效性一直广受争议。此外，公共财政还负担一个免费的退休金计划，而与此同时斯里兰卡相当一部分老人和弱势群体没有得到相应的社会保障。如果不能较好调整经常支出项目，该国的教育和医疗将倍感压力，这两项支出占 GDP 的份额已经呈下降趋势。

表 3 　　　　　　　　　　　斯里兰卡财政支出情况

	2006 年	2010 年	2014 年
占经常支出的比重（%）			
工资收入	32.0	32.0	33.3
利息	27.4	37.6	33.0
收入和转移支付	26.3	20.9	21.3
占 GDP 的比重（%）			
教育支出	2.7	1.9	1.9
医疗支出	2.0	1.3	1.4

数据来源：斯里兰卡中央银行历年报告；斯里兰卡财政部历年报告。

在遏制斯里兰卡国有企业造成的损失方面也没有太大进展，自 2005 年来，为了实现国有企业的重组，斯实施了明显有悖于私有化的举措。但国有企业依然巨额亏损，特别是较大的企业如锡兰电力局（CEB）、锡兰天然气公司（CPC）和斯里兰卡航空。

表 4 　　　　　　　　所选国有企业的运行损失 　　　　（十亿卢比）

	2012 年	2013 年	2014 年
CEB	−62.1	24.6	−11.7
CPC	−89.6	−7.9	1.7
斯里兰卡航空	−27.0	−28.6	−29.0

数据来源：《2015 年斯里兰卡的经济状况》，斯里兰卡政策研究所，2015 年。

在财政支出增加和财政收入减少的双重作用下，斯里兰卡越来越倚重于外债来支持预算。由于在国内借贷时，政府面临与企业的竞争因而必须接受较高的利率，而当国家借助于外国资本的时候，这种竞争效应就减弱了，因为预算赤字可以从国外得到弥补。

5. 赤字财政和外债

斯里兰卡于 2005 年 12 月获得了主权信用评级，目的是开发国际金融市场。2007—2014 年，该国发行了 7

个主权债券，总额高达55亿美元，同时政府逐渐向外国
投资者放开证券市场。2006年引入未偿还国债时对其门
槛限制是5%，在2007年时放宽到10%。2008年斯里兰
卡对外国投资者以10%的门槛限制放开了国债股票。
2011年12月，对未偿还国债和国债股票的门槛限制进一
步放宽到12.5%。斯里兰卡也启动了双边贷款，特别是
从中国进出口银行（EXIM）获得了资助大型基础设施如
道路和交通、电力能源以及港口建设的资金。斯里兰卡
对私人部门国外借贷的规定也有所放宽，目的是鼓励私
人企业和商业银行利用外资。两个发展银行（DFCC和
NDB）获得了特殊政策，可以提高国外贷款额度而不用
承担相关的汇率互换成本。这些国外借贷主要是通过金
融机构的借贷活动完成的。这些借贷通过政府代理来实
现，事实上将自身的资产负债表暴露于国际资本市场，
增加多个当事人的风险。

斯里兰卡对外国融资弥补财政赤字的依赖性逐步增
加，给国家的外债情况带来了两方面的显著影响：一方
面，虽然政府的总外债曲线依然平缓，但是该国的总外
债规模与GDP的比率急剧上升。其中有一部分债务是私
人企业和银行依据自身的资产负债表发生的非主权担保

债务，并不在政府的管辖范围内。另一方面，尽管政府的外债与 GDP 的比率有所下降，但外债的构成已经发生了很大的变化，大部分是由成本昂贵的非优惠和商业资金构成。2006 年这种外债占未偿还政府外债总额的 7%，到 2012 年这一比例已经超过 50%。因此在可预见的未来，斯里兰卡的外债还本付息压力将会非常大。

原则上而言，政府可以强制要求借贷必须服务于资本投资，用于那些能促进国家中长期增长的基础设施建设中，能够产生较高收益用于还本付息。促成这种战略首先需要事前详细的投资回报评估，比如将债务融资仅用于那些收益高于债务利息的项目。但必须要注意的是，高运行和高维护成本的资本投资项目会产生额外的财政负担。因此，债务融资的投资回报非常重要，特别是对外债而言。斯里兰卡的大部分公共投资被引入基础设施建设如道路、港口、机场等，但这些项目很可能在中短期无法产生还本付息的收益。最审慎的做法是确保限制以外币计价的债务资金用于能够直接或间接产生还本付息所需的外汇项目上，同时尽可能地调动国内资源。

显而易见，目前为财政赤字融资的办法会对未来中长期的债务管理和经济稳定性产生影响。高成本外债与政府财政收入下降的局面并行，GDP 的快速增长是由外债支持的公共投资支出而不是出口激增带来的，需要持续的债务来维持。债务的成本收益取决于两个关键因素，国内宏观经济稳定性和全球金融环境。如果这两个条件缺少一个，滚动增加的外债所带来的成本将会大幅上升。

6. 货币政策与汇率失调

随着以外币计价的债务组合的不断增长，如果外币贬值，将会导致公共债务占 GDP 的比重上升。相反地，该种货币的升值可以导致债务与 GDP 的比例有所下降，近年来斯里兰卡就经历了这种变化。然而，实际汇率的升值会导致经常账户的恶化，从而导致各项财政指标的收益只是一个暂时现象。也就是说，为了恢复外部可持续性，一国要想实现债务占 GDP 比例的大幅下降，必须实现一次真正的货币贬值。事实上，如果国家举借外债，财政状况（债务）和汇率管理之间的权衡将会大幅度限制宏观经济政策的空间。外国资本大量流入和高额借贷的溢出效应影响了货币政策和汇率政策的传导。斯里兰卡在协调宏观经济政策时已经出现了困难，非常不利于经济的稳定发展。

资本流入通常促使中央银行干预外汇市场，一方面可以避免汇率波动，另一方面可以防止过度升值损害出口竞争力。2010 年大量资本涌入，为了达到目标汇率，国内货币供给急剧扩大。货币供给的扩张并没有伴随相应的生产扩大，这为未来的通货膨胀埋下了隐患。综合考虑后，斯里兰卡中央银行用监管工具和道义劝告来说服银行自 2010 年年中降低利率，以促进斯里兰卡战后经济的恢复。信贷随即迅速增长，特别是消费领域的信贷增长，快速推动了通货膨胀，央行不得不在 2012 年对商业银行的信贷增长设定了强制性"天花板"。

低价信贷促进了更具破坏性的进口激增。2011 年贸易赤字进一步扩大，经常账户赤字增加到了 GDP 的 7.8％，斯里兰卡中央银行选择动用官方储备来确保利率保持在预先设定的水平上。2012 年 2 月之前斯里兰卡一直在收支平衡危机的边缘挣扎，3 月份实现对卢比的大幅贬值后，国际收支危机才有所扭转。目前缺乏相对灵活的汇率政策有损出口，而出口部门正是斯里兰卡需要大力发展来赚取外汇以平衡外债的关键。相反地，资本流入已经人为扭曲了汇率，导致实际有效汇率大幅升值，损害了出口部门的竞争力。因此，斯里兰卡如今因为外债上升导致的外部风险极高。对于经济受到的任何外部冲击而言，政府不得不减少借贷并动用储备来调节消费。这种情况会导致外国投资者不再购买政府债券，另外政府提高外部借贷的能力也在下降，外部整体风险加剧。

7. 2015 年经济状况及展望

2015 年 1 月的选举结果表明，斯里兰卡在经济的诸多领域发生了变化。最立竿见影的影响是前任政府主推的一些基础设施项目的放缓，新政府实施了选举承诺，修正 2015 年预算，并明确了国家新的经济政策。任何新政府都会对资助的大型基础设施项目重新评估以确定其经济可行性和资金来源。一些关键项目，比如由中国承建的科伦坡港口城项目目前就属于暂停状态。新的财政预算中基础设施支出的份额有所下降。2015 年 1 月底公布的财政预算兑现了该政党选举前所承诺的诸多方面，比如降低燃油价格，增加公共部门的工资和养老金支出，同时尝试引入新的创收措施，比如通过对私人企业的一次性征税、对住房征收"大厦税"等来满足额外的支出承诺。

新的财政收入政策在议会未能通过，2015 年 4 月政府试图提高国债借款上限失败，因而新的财政管理政策遇到困难。随着经常支出的增加，资本支出已经有所削减。赤字融资也临时做出了改变，2015 年 1 月至 6 月的国内融资额已经达到 4440 亿卢比，而 2014 年全年的国内净融资为 3410 亿卢比。由于政府试图开发国内市场的资金，因此政府的净信贷扩张，优质流动性收缩，利率有所上扬。但由于受议会选举和相关不确定因素的影响，私人部门对信贷的需求较低，一定程度上抑制了利率上扬的影响。

表5　　　　　　　　　斯里兰卡的财政决算情况（2015 年 1—6 月）

	预算（% GDP）			财政决算（十亿卢比）	
	2014	2015[a]	2015[b]	2014 年 1—6 月	2015 年 1—6 月
财政收入	12.2	14.6	14.1	536	605
经常支出	13.5	13.5	14.2	637	769
公共投资	5.0	6.2	4.6	278	223
赤字总额	6.0	4.6	4.4	371	401
外部融资	2.1	2.2	2.2	129	− 41
国内融资	3.9	2.4	2.2	242	444

注：a：2014 年 10 月份的预算；b：2015 年 1 月份的修订预算。

数据来源：斯里兰卡中央银行，历年年度报告；斯里兰卡财政部。

政府被迫求助于国内融资不仅仅是因为难以执行新的财政收入计划，而且也因为外部融资下降。基础设施资金不再大量涌进，意味着 2015 年前 5 个月中，通过长期借贷获得的资金急剧下降。

表6   2014 年 1—6 月和 2015 年 1—6 月斯里兰卡流入的外国资金（百万美元）

政府获得的外国资金			外部经常账户		
	2014	2015		2014	2015
国债	941.9	547.4	贸易平衡	-3535.2	-4085.8
主权债券	1500.0	650.0	汇款	3360.0	3432.7
长期贷款	1002.2	490.8	旅游收入	1157.9	1321.4

数据来源：斯里兰卡中央银行，"External Sector Performance"。

此外，斯里兰卡还推迟了主权债券的发行，最后在2015 年 5 月底以 6.125% 的利率发行了 6.5 亿美元 10 年期的主权债券，比 2012 年发行的 10 年期主权债券的5.875% 的利率稍高。

2015 年上半年，国外资本流入有明显下降，同时贸易赤字的情况有所恶化。国外投资者通过国债或长期贷款流向政府的资金显著下降。2015 年上半年贸易赤字恶化程度达 15%，更糟糕的是，同一时期出口创汇也有0.6% 的小幅收缩。国外务工人员的汇款在 2015 年上半年增长了 2.2%，而 2014 年同一时期这一增速为10.5%。因此，目前斯里兰卡的经常账户还是备受压力。外部借贷情况不可避免地会对汇率产生影响。但是斯里兰卡中央银行只允许货币贬值 2% 左右，通过在外汇市场削减官方储备来进行干预。

与政府在国内的高额借贷形成对比的是，在利率的上扬压力和汇率的贬值压力下，科伦坡消费价格指数（Colombo Consumer Price Index，CCPI）显示斯里兰卡消费价格通货膨胀出现急剧下降趋势，在 2015 年 7 月曾低至 1.3%。2015 年上半年，缺乏明确的经济发展方向对斯里兰卡的经济增长预期产生了负面影响。2015 年第一季度的经济增速为 6.4%，而 2014 年同一时期的指标为 7.6%。建筑部门的增速急剧下降，另外生产性经济部门的增速普遍放缓，比如制造业、交通业和信息通信业，等等。因此斯里兰卡 2015 年的增速调整为中速增长，人口普查局和统计局对国民账户进行重新评估，可能会对该国的中长期增长预测进行调整。

8. 未来经济走向

税收、财政支出、财政赤字和债务方面的政策会影响当前的经济增长，也会对长期的经济增长和经济稳定性产生影响。斯里兰卡持续不断的民粹主义竞争导致政党低估了选举的经济成本。财政成本及其他相关后果对宏观经济稳定性造成的影响被忽视了。

一年之内举行两次竞争性选举——事实上是相隔七

个月，这种放任产生了重大影响。2015 年 1 月总统选举
后额外的财政支出承诺已经使财政状况十分紧张。而在
议会选举投票中，为了获得公众支持又抛出了一系列优
惠措施，比如向公共部门的工人提供生活津贴、为辍学
者支付学费、为失业青年提供公共部门岗位等。这种选
举承诺的成本会削弱巩固财政基础的努力，斯里兰卡在
未来将不得不进行艰难的经济改革来改善长期宏观经济
稳定性和可持续增长问题。

其中最重要的改革问题与税收和国企改革相关。斯
里兰卡政府必须尽快改变政府财政收入下降的局面。斯
里兰卡国有企业的重组与优化管理必须提上重要日程。
除了上述这两大领域外，其他与公共财政相关的问题也
需要政策支持，包括：合理化斯里兰卡的转移支付和补
贴机制，改革现有的公共部门养老金制度，改进债务管
理等。斯里兰卡必须重新考虑如何征税和支出来支持长
期发展目标。财政和货币扩张是不可替换的，强大的公
共财政会使财政政策和货币政策在必要的时候为刺激经
济独立发挥作用。一个强大的财政基础也有利于成功开
展更广泛的结构性改革。斯里兰卡的改革清单上有很多
事要做，更何况这几十年来改革并没有取得太大进展。

财政整顿将有助于弥补改革措施的潜在损失，同样地，如果收紧财政预算的同时要实施结构性改革是非常困难的。斯里兰卡在短期内已经面临着经济增长低速运行和财政空间收紧的前景，财政改革应该未雨绸缪。

五　中斯港口建设合作

中国国际贸易越来越依赖海上运输，"一带一路"倡议的提出促进中国不断深度参与海外港口项目，港口项目合作正逐渐成为中国与港口所在国家交往的一种重要方式。根据媒体公开报道不完全统计，自 2002 年来，中国参与的海外港口项目有十多个，如巴基斯坦瓜达尔港、斯里兰卡汉班托塔港、希腊比雷埃夫斯港口等。2015 年 8 月 7 日，"丝路对话"海上港口合作对话会在北京召开，斯里兰卡驻华大使馆官员也参加了会议。在这次会议上，中国青岛港和斯里兰卡科伦坡港交换了建立友好港口关系协议书。港口是海运物流链的支点，中国与港口国家合作，参与海外港口项目的新型方式，是建立海上贸易通道的可行路径，也是未来建设"21 世纪海上丝绸之路"的重要方向。

1. 中斯友好的历史

中斯友好历史悠远，在斯里兰卡东海岸的亭可马里港内有一个面积最大的海湾叫作"中国湾"（China Bay），据《汉书·地理志》记载，在公元前2世纪—前1世纪我国已与斯里兰卡有友好通商的航海交通关系。在两国的历史交往中，佛教僧侣发挥了独特的作用，位于科伦坡以南的法显纪念馆，就是为了纪念中国高僧法显的。在科伦坡国家博物馆内，有一块"布施锡兰山佛寺碑"，是郑和第二次途经斯里兰卡时所立，① 已成为中斯友谊的又一历史见证。

新中国成立后，与斯里兰卡的友谊之旅又掀开了新的篇章。20世纪50年代，斯里兰卡面临两大困难：斯里兰卡是橡胶出口国，而当时国际市场橡胶价格暴跌，斯橡胶业遭受沉重打击。斯政府要求美国等橡胶进口国给予合理价格但遭到拒绝；斯里兰卡又是大米进口国，当时国际市场大米价格高涨，斯政府向美国求购大米，但对方坚持所谓"市场竞争价格"，斯无法接受。从中国方面而言，新中国成立之初工业化刚刚起步，急需橡胶等原料，美国等西方国家对中国实行封锁禁运，不允许橡胶出口国向中国

---

① 郑和船队七下西洋，七次进出斯里兰卡。

提供橡胶。为了克服各自面临的困难，1952 年中斯双方签订了大米橡胶贸易协定暨《米胶协定》。中国同意以高于国际市场的价格从斯里兰卡进口橡胶，以低于国际市场的价格向斯提供大米。这种雪中送炭式的合作模式，证明中斯两国在历史上就是真诚的伙伴。1957 年 2 月，中斯双方正式建立外交关系。1964 年中国刚刚度过三年困难时期，应斯里兰卡请求，为斯方建设班达拉奈克国际会议大厦。当时中国国内正值"文化大革命"时期，国内很多在建项目被迫停工，但该项工程在周总理的亲自关怀下，于 1970 年 10 月开工，1973 年 5 月按时竣工。1994 年，中国政府资助在大厦的东侧建立了班达拉奈克纪念馆。2003 年在班达拉奈克国际会议大厦两侧援建了班达拉奈克国际研究中心大楼和展览中心，与班达拉奈克国际会议大厦构成统一整体，被誉为"中斯友谊"的象征。[①]

2. 中斯合作的成就

斯里兰卡建国以来最大的工程建设项目——普特拉姆燃煤电站，由中国机械设备工程股份有限公司（简称中设）承建，该燃煤电站创下斯里兰卡多项"历史之最"：

---

① 江勤政：《外交官带你看世界——印度洋明珠斯里兰卡》，上海锦绣文章出版社 2012 年版。

　　它是斯里兰卡首座燃煤电站，是斯里兰卡建国以来最大的工程建设项目，也是迄今中斯两国最大的经贸合作项目，被称为斯里兰卡的"三峡工程"。燃煤电站三台机组全部建成并网发电后，总发电能力达 900 兆瓦，占斯里兰卡全电网需求的 45%，将成为斯里兰卡最重要、最经济的电力生产基地。在没有煤电前，成本高昂的燃油发电成为斯里兰卡主要的电力生产方式。昂贵的电价不仅给普通家庭带来沉重的生活成本，也成为制约斯里兰卡制造业等产业发展的瓶颈。普特拉姆燃煤电站的运营，使斯里兰卡电价趋于合理，惠及斯里兰卡民众和经济产业。普特拉姆燃煤电站的建设还高度重视环保。从普特拉姆市区到卡尔皮提亚半岛，远远就能看到三支高高的大烟囱和庞大的基站，安静地矗立在海天之间。但这座能满足整个斯里兰卡近半用电需求的煤电站的烟囱口甚至连一丝烟雾都看不到。普特拉姆燃煤电站已成为斯里兰卡当地人民生活的一部分，是中斯友好合作的典范。[1]

　　从 2005 年开始，中国每年向斯政府额外提供 10 亿美

---

　　① 　新华网：《普特拉姆燃煤电站——创造斯里兰卡多项历史记录的中斯合作项目》，2014 年 9 月 21 日，http：//news. xinhuanet. com/world/2014 – 09/21/c_ 1112563735. htm。

元的军事和经济援助。作为交换，中国在斯里兰卡获得了港口和其他项目的开发权，从而使中国得以在南亚提高影响力来对抗其地区对手印度和保证中国南部的稳定。中国的援助使斯里兰卡政府获得了打败"猛虎组织"所必需的军事能力。斯里兰卡的军事预算在 2005—2008 年上升了40%，陆军规模扩大了 70%，平均每个月增加了近 3000 兵力。由于在军事援助方面中国取代了西方，因此斯政府可以忽视西方关于人权的关注，并无限制地打它的消耗战。中国在联合国阻止了关于批评斯里兰卡重新发动进攻的决议，使斯里兰卡得以不顾人权组织和西方国家的反对而放手发动攻击。没有这种外交上的支持，斯里兰卡在扩军和打击"猛虎组织"时将会更加艰难。作为交换，中国在斯里兰卡获得了多项发展合同并在南亚提升了影响力。

自 2009 年斯里兰卡内战结束后，中国在斯的经济社会建设领域给予了有力支持，中国公司承建了一系列大型基建项目。双方在经济领域的成功合作包括科伦坡国家大剧院、汉班托塔港、马塔拉国际机场、机场高速公路、南部高速公路，火电、水电站等建设项目，未来还会在科伦坡投巨资填海造陆修建海港城。中方在这些项目上做出了巨大而无私的贡献。

前总统拉贾帕克萨在任十年期间，至少从中方获得70亿美元的援建和基建项目贷款，使其经济得以从30年的内战中恢复，在备受西方压力的人权问题上也得到了中国的支持（拉贾帕克萨执政期间，美国在联合国人权理事会提出，要求斯里兰卡调查该国军队在内战期间发生的侵犯人权行为，47个成员国组成的理事会中24票赞成，15票反对，8票弃权，中国投了反对票，理由是该决议干涉斯里兰卡内政）。中国建筑企业在中国国有银行贷款的支持下，在斯里兰卡兴建了一系列大型基建项目，包括机场、港口等。中国在汉班托塔港拥有7个泊位，在科伦坡的一个集装箱码头有35年经营权。而斯里兰卡用中国火箭将斯里兰卡的首颗通信卫星送上了太空。在斯前总统在任期间，中国企业控股的科伦坡南港集装箱码头启用，一艘1.2万标箱装载量的货轮停靠该码头，成为有史以来停靠在斯的最大船舶。2014年9月习近平主席访问斯里兰卡，这是中国国家最高领导人首次访问斯里兰卡，此次访问中双方同意启动中斯自贸区谈判。新政府上台后，斯发生水灾，中国政府当即捐资300万美元帮助赈灾。

3. 科伦坡港口城项目

科伦坡港连接了印度次大陆和中东以及东非，也是南亚地区唯一能容纳超大型深水货轮的港口，其重要性是不言而喻的，对于印度和中国而言，科伦坡港的安全和战略意义都是非常重大的。对于中国而言，科伦坡港还是海上丝绸之路中连通东南亚和南亚地区的重要节点。

斯里兰卡港务局于 2013 年 8 月 1 日提出了名为"展望 2020 年——丝绸路上的卓越物流"的总计划，把原来的目标进行了重新定位，从集装箱中心成为全球物流中心。斯的目标是到 2020 年成为优秀的海事中心，达到 2 亿吨的货物装卸，1 亿美元的收入，100 亿美元的港口投资，使港口成为国家经济增长的主要贡献者。

科伦坡港口城项目是由中国交通建设集团（简称"中国交建"）与斯里兰卡港务局合作开发的，一期投资约 15 亿美元，是斯迄今为止最大的外商直接投资项目。港口城项目在科伦坡 CBD 核心区，建筑面积超过 530 万平方米，包括酒店、购物中心、船舶停靠区，可供 27 万人居住生活，创造的就业岗位超过 8.3 万个。按照与上届政府达成的协议，港口城土地的三分之一将由中国公司拥有并开发，剩下部分交由斯里兰卡开发。项目的二期投资规模有望达到 130 亿美元，希望通过吸引全球投资者来实现。

对于中国企业在斯里兰卡安全战略核心区长期持有土地，无论是斯新政府，还是邻邦印度，都心存芥蒂。斯新政府上台后，重新审查科伦坡港口城项目，认为项目未按合适的程序进行，存在腐败情况，对环境的影响也未充分评估。科伦坡港口城项目目前处于停工状态，之前吹填的陆地在项目中止后被海水倒灌（见图2），这与当初的规划建设图相比相去甚远（见图3），每天的经济损失也非常大。但从实地调研的情况来看，此项目的过失不在中方，其中政治因素发挥了相当大的作用。①

斯里兰卡现任政府2015年1月上台后，旋即宣布重新评估中国投资15亿美元建设开发的科伦坡港口城项目。新政府的对外平衡战略，可以从现任政府高官的言论中揣摩。斯里兰卡新外长萨马拉维拉说："作为一个小国，我不认为我们应对斡旋于印度、美国、中国三个大国之间感到抱歉。"新总理维克勒马辛哈认为上届政府"与西方为战，与印度交恶，以为中国会是他们的救星"。②

---

① 通过拜访斯里兰卡排名第一的智库斯里兰卡政策研究所（Institute of Policy Studies of Sri Lanka，IPS）和中国交建集团南亚区负责人得知。

② 《"一带一路"的科伦坡因素》，《财新周刊》2015年第9期。

图2　2015年11月3日摄于科伦坡港口城项目建设地

图3　科伦坡港口城项目规划效果图

4. 可能的解决方案

有律师认为，斯里兰卡科伦坡港口城项目一案提起国际仲裁或许更能获得有利结果，因为中斯两国于1986 年签订了《双边投资保护协定》（BIT），自 1987年 3 月 25 日生效。① 假如斯里兰卡取消港口城项目，可能违反公平和公正待遇条款、征收条款和保护伞条款。中斯 BIT 第 3 条规定，东道国应给予对方国家投资公平和公正待遇。此外，中斯 BIT 第 6 条、第 11 条、第 13 条均有利于该案提交国际仲裁。需要注意的一点是，如果投资者已经就投资争端在东道国国内法院起诉，则不得再提起国际仲裁。对于投资大型基建项目的中国企业而言，政治风险应当作为投资决策的重要考虑因素，应当采取适当措施预防政治风险或是通过投保转移风险，在风险实际发生时则应善于利用法律手段尤其是国际仲裁解决争端。同时也要依照东道国的法律进行，杜绝行贿等违法违规行为，避免因"非法投资"而丧失 BIT 的保护。

---

① 任清：《为何斯里兰卡科伦坡港口城项目说停就停——为防范海外投资政治风险支招》，《国际工程与劳务》2015 年第 4 期。

六 中斯自贸区建设

斯里兰卡是目前唯一一个与印度和巴基斯坦均签订自由贸易协议的国家,斯里兰卡还与欧盟签有超普惠制待遇。此外,斯里兰卡还是南亚自由贸易区(SAFTA)以及亚太贸易协议(APTA)的协定国。中资企业可以通过斯里兰卡与上述国家和地区签订的自贸协定和超普惠制待遇协定等,为中国商品进入上述国家和地区市场提供机会。

1. 中斯自贸区对双方的意义

习近平主席 2014 年 9 月访问斯里兰卡期间,双方决定正式开始中斯自贸区谈判。自贸协定将有助于进一步促进两国贸易和投资合作。对斯里兰卡而言,自贸协定将为斯里兰卡扩大对华出口提供契机,有助于逐步缩小双边贸易逆差,推动斯里兰卡中小企业发展,吸引更多中国投资,从而为斯经济发展增添新动力。斯里兰卡国际关系与战略研究院院长阿桑加·阿贝亚古纳塞克拉表示,中斯自贸协定谈判的启动将为两国带来重大惠利,贸易协定首先将有助于解决两国间长期存在的贸易逆差问题。"去年斯里兰卡对中国的出口仅为 1.21 亿美元,仅占斯里兰卡总出口的 1%，这是一个亟待被突破的数字。相信在签署自贸协定之后会大大缩小两国间贸易逆差，为两国间经贸往来注入更大活力和更强信心。"

斯里兰卡 2013 年经济增长率为 7.2%，被认为是亚洲地区除中国以外经济增长最快的国家之一。中国和斯里兰卡的共同快速发展将可改变地区格局。未来随着中国对斯里兰卡的进一步支持和斯里兰卡经济进一步发展，也会对中印关系发展有所促进，稳定与平稳亚太格局。

目前，中国已成为斯里兰卡第二大贸易伙伴和第二大进口来源国。斯里兰卡是中国在南亚的第四大贸易伙伴。2013 年，中斯双边贸易额为 36.2 亿美元，中国出口 34.38 亿美元，进口 1.83 亿美元。自贸区建成后，斯里兰卡向中国出口将更加容易，斯服装业将受益，为双方贸易投资、旅游往来打开大门，大量的经济活动将更加便利。斯里兰卡也努力通过经济转型实现增长，斯里兰卡经济实现多样化：不再依赖于传统茶叶、橡胶等初级农产品出口，扩展服务业、银行、保险、信息科技等产业，发展服装业、肉桂出口、宝石精加工等新的经济增长点。

近年来，中斯贸易规模不断扩大，2013 年中斯双边贸易额达 30.8 亿美元，同比增长 14.9%。2014 年中斯双边贸易额达 36.2 亿美元，增长 17.5%。其中，斯里兰卡对中国出口 1.7 亿美元，增长 42.9%，占斯里兰卡出口总额的 1.6%，增长 0.4 个百分点；斯里兰卡自中国进口 34.5 亿美元，增长 16.6%，占斯里兰卡进口总额的 17.9%，增长 0.9 个百分点。中国是斯里兰卡近年主要外资来源国之一。对中国而言，自贸协定不仅为中国企业和中国商品进入斯里兰卡市场创造了便利条件，更重要的意义在于，中国可以借助斯里兰卡，打开南亚市场的大门。同东亚和东南亚地区相比，南亚的发展滞后性更加突出。中斯自贸区将会是中国在南亚地区的一个突破口，互联互通能更好带动南亚地区发展。

中国领导人出访时，经常提及"利益共同体"和"命运共同体"，中国—斯里兰卡自贸区谈判启动也是在这一背景下展开的。斯里兰卡地处中国海洋运输的重要通道之上，又是中国提出的"21 世纪海上丝绸之路"的一环。中斯自贸区若能谈成，将有助于中国向西边开放的西进战略。中斯关于自由贸易协定谈判的内容，对本地区国情接近、条件相似的国家，具有一定的示范效应。一旦中斯自贸区得以最终签署，并发挥效果，就会加速中国同南亚国家签订自贸区过程。

中国自贸区建设的蓝图要立足亚太，倚重主要贸易伙伴和大国，以"一带一路"为动脉，以国内自贸区为抓手，以亚太自贸区为愿景；从周边国家开始扩展，形成各个中心开花和四面突破的发展格局。

2. 中斯自贸区谈判启动的时间表

中斯自贸区联合可行性研究于 2013 年 8 月在北京启动，2014 年 3 月结束。在联合可行性研究阶段，双方全面、深入地分析了建立中斯自贸区的可行性和影响。研究结果认为，建设中斯自贸区有利于进一步深化双边经济贸易关系，符合两国利益，建议两国政府尽快启动谈判。

2014 年 9 月 16 日，在中国国家主席习近平和斯里兰卡总统拉贾帕克萨的见证下，中国商务部部长高虎城与斯里兰卡经济发展部部长巴西尔·拉贾帕克萨在科伦坡共同签署《关于启动中国—斯里兰卡自由贸易协定谈判的谅解备忘录》，宣布正式启动双边自贸区谈判。双方确认，中斯自贸协定将是一个覆盖货物贸易、服务贸易、投资和经济技术合作等内容的全面协定。双方还同意加快谈判进程，争取尽快结束谈判，以使两国企业和民众早日受益。

2014 年 9 月 17 日至 19 日，中国—斯里兰卡自贸区首轮谈判在斯里兰卡首都科伦坡举行。此轮谈判中，双方就谈判工作机制、覆盖范围、推进方式、路线图和时间表、货物贸易降税模式等多项议题进行了深入磋商，达成许多共识。与此同时，双方还讨论通过了指导未来谈判的"职责范围"文件，为后续谈判奠定了良好基础。

2014 年 11 月 26 日至 28 日，中国—斯里兰卡自贸区第二轮谈判在北京举行。双方就货物贸易、服务贸易、投资、经济技术合作、原产地规则、海关程序和贸易便利化、技术性贸易壁垒和卫生与植物卫生措施、贸易救济、争端解决等议题充分交换了意见，谈判取得积极进展。

3. 中斯自贸区建设面临的困难

斯里兰卡政策的连贯性和稳定性不够，容易给经营决策造成风险。政策落实不力，现有的优惠经常得不到有效执行。斯里兰卡政府职能部门间缺乏有效协调。斯里兰卡劳动法对工人权益保护严格，企业不得随意开除工人。斯里兰卡工会力量较大，常常因政治原因在斯爆发大规模的罢工或冲突。斯里兰卡一般不允许外国的普通劳工进入该国工作。斯里兰卡十分重视环境的保护，制定了严格的环境保护法律法规，当地居民的环保意识较强。对工程项目大多采用国际惯例公开招标，招投标过程日趋规范。斯里兰卡政府对外国工程承包公司资质的要求比较高，中国必须要有中国驻斯里兰卡大使馆经济商务参赞处的证明或推荐书才能参与投标。

斯里兰卡内战结束后，国家发展迎来机遇，国民安置和经济社会的重建开始列入议事日程。如何防止泰米尔分裂主义从国内转移到国外，是斯里兰卡政府今后一段时期仍将面临的重要考验。"猛虎组织"的海外网络并未被彻底摧毁，该组织一直试图通过起诉斯政府"侵犯人权"、资助媒体宣扬泰米尔人利益、煽动泰米尔民族意识等继续从事分裂活动，成为斯里兰卡政府的一大外患。以上这些都是中斯自贸区建设中面临的困难和风险。

加快中斯自贸区谈判重点加强跨境旅游、基础设施建设、轻工业、食品加工和包装、农业、海洋与航天应用等领域合作。以斯里兰卡扩大对华出口提供契机，逐步缩小斯里兰卡与中国的双方贸易逆差，积极为中国企业和中国商品进入斯里兰卡市场创造和提供便利条件。

建设中斯自贸区是斯里兰卡参与共建"21世纪海上

丝绸之路"构想的重要步骤，但自贸区的建立绝非易事，早在 2003 年，印度总理就提出过建立中印自贸区的概念，但是 10 年过去了，中印自贸区始终未能建立。而斯里兰卡和中国的长期友好合作关系，使得中斯自由贸易区的建立容易得多。另外，斯里兰卡和印度已建成自贸区，如果中国和斯里兰卡成功签署自由贸易协定，等于中国和印度间接实现了"自由贸易"，中国的货物可以通过斯里兰卡自由进入印度和孟加拉国等国。借助斯里兰卡这个桥梁，中国可以进一步扩宽中国海外市场。

4. 在南亚 FTA 的发展历程下看中斯自贸区

南亚经济体长期饱受贫困问题的困扰，经济发展波动性大，抗外部风险能力弱，而且制造业普遍落后，贸易投资壁垒较高，既没有形成区域性生产网络，在全球价值链中地位也低。这些因素对南亚经济体商签 FTA 产生了消极影响。20 世纪，南亚经济体只零星参加了一些特惠贸易协定。21 世纪以来，随着印度快速崛起，南亚经济体加快了 FTA 步伐。2001 年，印度—斯里兰卡 FTA 生效改写了南亚无 FTA 的历史。2006 年，南亚自贸协定（SAFTA）生效则让延宕多年的南亚区域一体化有了突破。与此同时，印度在经济合作领域积极实施"东向"

战略,在南亚掀起了同东亚经济体商签 FTA 的高潮,这一趋势在莫迪上台后得到强化。目前南亚共有 16 个 FTA,其中已生效 11 个,谈判中 5 个,在"一带一路"沿线地区中是最少的。平均每个经济体参加的 FTA 仅有两个,在"一带一路"沿线地区中也是最少的。①

5. 斯里兰卡参与的 FTA

1998 年,印度和斯里兰卡签署了双边自由贸易协定,两国对 1000 种商品免征关税,双边贸易和投资额都有大幅增长。与斯里兰卡签署了自由贸易协定的还有巴基斯坦。南亚自贸区于 2006 年 1 月正式启动,在章程中,南亚各国被分为发展中国家和最不发达国家,斯里兰卡为发展中国家,为其设定的目标是在 2013 年将关税水平从 30% 降到 5% 以下。2004 年 7 月,斯里兰卡与印度、泰国、缅甸、孟加拉国、不丹、尼泊尔等南亚和东南亚 7 国领导人在泰国首都曼谷举行会议,发表《曼谷宣言》,宣布将"孟印缅斯泰经济合作组织"更名为"环孟加拉湾多领域经济技术合作倡议",简称"环孟倡议",这标志着南亚和东南亚的区域合作迈出新步伐。

---

① 竺彩华、韩剑夫:《"一带一路"沿线 FTA 现状与中国 FTA 战略》,《亚太经济》2015 年第 4 期。

　　关税是南亚各国政府主要的资金来源之一，例如斯里兰卡与其他南亚国家贸易关税占其总关税额的24%，占其总财政收入的3.1%，若各国认真执行减税规定，必将承担一定的损失。因此南亚小国十分看重南亚自贸区的税收补偿机制，并对印度寄予厚望，希望其能提供主要资金。印度位居南亚核心，与其他南亚国家都接壤，开展双边贸易条件便利，居于顺差的有利地位。其他南亚国家间发展双边贸易，必须过境印度，还得向其支付一定的费用。印度从其他南亚国家的进口仅占其总进口额的0.9%，削减关税对其影响并不大。印度在南盟内部贸易中占有的份额最大，如在2005年，印度与其他南盟国家贸易量就达52亿美元。南亚自贸区启动之后，印度也将从南亚自贸区中获益最多。①

七　继续推进中斯合作的方向

1. 必须化解印度忧虑

　　要继续推进中斯合作，那么化解印度的战略忧虑是绕不开的话题，尤其是在斯当局亲印的情况下。中国正

---

　　①　张利军：《南亚自由贸易区的构建及前景分析》，《南亚研究》2008年第2期。

在向友好国家提供海上基础设施，"一路"将成为印度洋沿线国家的发展机遇。在印度南亚邻国纷纷选择加入"一带一路"的情况下，印度选择置身事外是有悖其长远利益的。中国应该明确一点，中国与印度洋沿岸国家的合作，最终目的是扩建其港口能力，帮助这些国家增加印度洋国家自身在国际航运业中的地位，并通过这一地位的加强和能力的提高，为这些国家的工业化能力创造更好的支撑条件。因为对任何一个国家而言，港口的商业价值并不仅仅表现在与其他港口的连接性上，更表现在港口和其内陆的工业聚集地的连接性上。要让一个港口长盛不衰，单单靠转运是不够的，关键是要让港口所依托的工业聚集区域发展起来，换句话说，就是要让港口成为本地工业化水平提升的配套基础设施。而中国经济发展的外溢效应，需要实现中国工业和金融能力的全球配置，印度洋沿线国家的积极配合，将会使中国资本涌向这些国家。通过港口建设刺激当地的工业化进程，为中国工业企业以及金融资本进入这些国家创造有利条件，是中国推动印度洋沿岸国家港口建设的根本目的。[1]

---

[1] 叶海林：《中国必须争取印度参加"21世纪海上丝绸之路吗？"》，载金立群、林毅夫等《"一带一路"引领中国》，中国文史出版社2015年版。

至于印度所忧虑的中国"珍珠链"效应，首先并不是中国的初衷，其次也超出了中国的能力范围。对于斯里兰卡来说，着眼于国内发展才是头等大事，印度虽然在政治上对斯进行干预，但又无法提供与政治影响力相匹配的经济影响力。在我们调研斯里兰卡期间，斯政府由于削减对大学生的补贴而征收学费，每日都可在街头看见配枪军人阻挠学生游行，据当地人称已经发生了流血事件。科伦坡港口城项目停建已经导致当地建筑企业大量裁员，斯国内目前经济萧条，社会并不稳定。长此以往，如果斯里兰卡当局坚持因为政治上配合印度而减缓国内的经济建设，必将引发新一轮的社会矛盾和政局变动。

2. 以斯里兰卡国内情况为切入点继续推进

就国内的长远发展而言，斯里兰卡也应该尽快启动中斯合作项目，积极利用中国"一带一路"的春风，引进中国资本，抓紧时间推动本国的工业化进程，着力打造类似新加坡的集中转港、工业集聚地、地区金融中心的综合能力。与印度毗邻的另一个国家巴基斯坦，在中国的帮助下正快速推进港口和基础设施建设，正如巴基斯坦总理谢里夫所说，中巴经济走廊能够改变巴基斯坦命运。巴基斯坦的发展路径也为斯里兰卡提供了一个良好的样本，斯里兰卡应该乘着"一带一路"的东风，搭上中国的"便车"，为自身的经济腾飞抓住机遇。因为从斯里兰卡本国利益出发，只有发展基础设施投资、实业和制造业投资才是持续发展的根本。中国改革开放三十多年来的成功经验表明，通过"互利共赢、相互依存"的经济发展和合作模式，实现贸易投资自由化和区域经济一体化是发展中国家腾飞的根本原因。

3. 未来在斯基础设施建设中应注重公平性

"21世纪海上丝绸之路"的建设和基础设施的建设密切相关。从斯里兰卡早期参与"21世纪海上丝绸之路"建设的情况看，在投资和兴建基础设施上存在不平衡现象，从而造成收益不均衡的结果。目前，斯里兰卡在进行的基础设施投资，比如说空港、海港等建设，大部分都是从中国的银行取得贷款，这种投资对斯里兰卡多个部门产生影响，使斯里兰卡GDP的增长提高到一个前所未有的水平。2013年斯里兰卡GDP增长为7.3%。

但是，通过这些大规模投资获得的真实收益在斯里兰卡全体居民中分布不均匀，特别是在阶级和种族分布方面，有关这些真实收益是如何分配的问题仍旧存在。

此外，很多基础设施建设的投资比如高速公路等，是服务于汽车的，但有很多斯里兰卡人是开不上汽车的，而且汽车对斯里兰卡人来说是一种又贵又不保护环境的出行方式。而同时，斯里兰卡却存在保障性住房数量不足，城市公共交通糟糕，交通堵塞，小城市和农村缺少完善的铁路网等基础设施方面的问题。因此，未来，中国在斯里兰卡的投资和兴建基础设施方面要强调公平与公正性，充分考虑民众的需求，统筹协调海运、空运、公路和周边城市及农村发展。

民心沟通是打开南亚大门的钥匙。发展旅游业是中国在斯里兰卡投资的可行方向。在复杂敏感的投资环境中，中国企业应该注重民心沟通，建立互信。从斯里兰卡实地考察情况来看，中斯两国的民心相通应该说效果不错，当地人对中国人十分友善。

4. 积极推动中、斯、印三方合作

斯里兰卡和印度都是中国在南亚地区的重要和友好邻国，都是中国周边外交的重要合作对象。中方希望与印度继续推进面向和平与繁荣的战略合作伙伴关系，也希望同斯方不断发展真诚互助、世代友好的战略合作伙伴关系。与此同时，中国也乐见斯里兰卡和印度关系不断发展。三方关系良性互动、相互促进、互利共赢，最符合三方利益，也有利于地区的和平、稳定与共同繁荣。2015 年 2 月中国外交部部长王毅在同斯里兰卡外长萨马拉维拉会见时表示，中方对中、斯、印三方合作持开放态度，愿积极探讨三方可能合作的领域和可行途径。例如，三国都有丰富的佛教旅游资源，可以考虑合作开辟旅游路线。中印也可探讨发挥各自优势，共同为斯经济、社会发展发挥积极作用。2015 年 3 月，在西里塞纳访华期间，中方还建议中国、印度、斯里兰卡通过三方对话协商的方式解决地区问题和消除相互之间的安全担忧。

5. 改善在斯的投资布局和宣传布局

中国在斯里兰卡的宣传布局需要改善。正如前文提到的科伦坡港口城项目建成后三分之一的土地由中国公司拥有，正是这一点也被斯里兰卡新政府在媒体宣传上蓄意渲染，谣言满天飞，甚至有言论表明斯民众进入这块土地需要中国的"通行证"等，给中方项目的推进造成了巨大影响。中国企业在"走出去"过程中，由于受国内项目推动方式的影响，过于重视走"上层路线"，在民主选举制国家，这种行事方式遇到的风险极大，而忽视对民众的宣传工作也是由过于重视"上层路线"引发的问题。

中国在斯里兰卡的投资布局有待改进。中国在斯里兰卡的投资几乎都集中在基础设施——机场、港口、铁路，这种投资目标巨大、投资结构单一的投资格局导致中国项目很容易成为众矢之的。反观日本在斯里兰卡的投资，其基本特征是集中在非经济领域，即文化、教育和民生方面。比如日本对斯里兰卡"三种语言"计划的援助、[1] 对斯里兰卡年轻官员的培训援助，以及对斯里兰卡学校及医疗健康的援助。[2] 斯里兰卡外长萨马拉维拉曾经表示，医疗、教育等社会保障体系是斯国亟待投资的领域，希望能借助中国的资金和人力，这也许是未来中斯合作民心相通建设的一个方向。

6. 未来中斯合作的可能方向

第一，提高中斯经贸合作水平。一是促进中斯合作的转型升级。目前中斯合作主要集中在基础设施建设方面，今后可以考虑拓展到交通、能源等领域。二是加强

---

① 2012 年斯里兰卡启动了一项宏大的 10 年计划——使斯里兰卡成为一个"三种语言"的国家，即保证让每个斯里兰卡公民通晓僧伽罗语、泰米尔语和英语。

② 唐鹏琪：《实施"一带一路"战略的政治与经济风险——以中国在斯里兰卡的投资为例》，《南亚研究季刊》2015 年第 2 期。

中斯企业合作。斯里兰卡积极鼓励中国企业多和当地商会交流，通过共同举办学习会、研讨会等活动来探讨如何进一步加强合作。同时还鼓励中国企业加入当地商会，和当地企业真正融为一体，共同发展、共同受益。三是扩大中斯双边贸易。近年来，中斯贸易增长较快，但仍有很大拓展空间。斯方企业应多与中国企业加强制造业合作，扩大产品规模，提高产品质量，从而缩小双边贸易逆差。

第二，创新中斯资本合作模式。近年来，斯里兰卡和中国在金融联系方面较为密切。2014 年 8 月，中国人民银行行长周小川与斯里兰卡央行行长卡布拉尔在北京签署《中国人民银行代理斯里兰卡央行投资中国银行间债券市场的代理投资协议》，这将有利于扩大中国与斯里兰卡两国的金融合作。2014 年 9 月，中斯两国还签署了一份人民币 100 亿元（约合 16 亿美元）的互换货币协议。2014 年 12 月，斯里兰卡央行行长卡布拉尔表示，正在考虑发行第一笔人民币债券的计划。今后，中斯双方应积极利用共建"21 世纪海上丝绸之路"这一契机，充分利用丝路基金、亚洲基础设施投资银行等融资渠道，稳步推进大项目建设和产业合作，早日完成中斯自由贸易谈判。

第三，扩大中斯旅游合作规模。旅游业是斯里兰卡最重要的创汇部门之一，直接影响着斯里兰卡的经济增长速度和质量。中斯旅游合作可以使两国人民从彼此丰富的文化遗产中汲取养分，从而进一步密切联系，这也是解决中斯贸易不平衡问题的一个手段。斯里兰卡的旅游市场潜力巨大。从2009年开始，中国赴斯里兰卡旅游人数持续增长，2014年，共有12.8万名中国游客访问了斯里兰卡，实现了相比2013年136%的增长。目前，斯里兰卡已在中国设立从北京、上海、广州、香港、昆明、重庆等直飞科伦坡的20多个航班，斯里兰卡国内也增加了中文导游、中文频道等，希望吸引更多中国游客。

第四，推进中斯民生工程建设。中斯共建"21世纪海上丝绸之路"必须得到斯里兰卡公众舆论和普通老百姓的支持。应积极推进中斯民生工程建设，让斯里兰卡人民感受到实实在在的利益。2015年3月，中国政府承诺再为斯里兰卡提供逾10亿美元的资金援助。其中将有3亿美元用于改善和提高斯里兰卡医疗卫生水平，包括修建一座专门用来治疗肾病的医院。此外，中国政府还计划用40亿卢比对科伦坡最高法院进行翻新修复。同时，斯新政府应确保把中国提供的支持用于斯里兰卡经济发展和人民生活水平提高。

第五，从国家战略的角度采取措施发展长期稳定的多边经贸关系，有关部门需要完善相关的法律制度建设，构建防范和化解国家风险的机制和体系。积极利用中国各种驻斯里兰卡机构密切观察斯里兰卡的产业政策、外资政策，及时为中国企业提供相应的服务和咨询，增强政府防范斯里兰卡国家风险的服务与监督功能。

7. 注重积累规避政治风险的经验

虽然道路长且艰难，但中国企业参与海外港口建设的方式需要不断升级，要从参与港口建设到努力争取港口长期特许经营权，把握港口合作的持续动力。从大宗商品到基建项目，中国"走出去"模式已悄然改变。随着项目所在国政权易主，中国企业也在经历阵痛，如何积累应对政治风险的经验，也是必修的课程。

尽管斯里兰卡发生的情况与外部势力的影响密切相关，但根源仍然在于中国与相关国家关系治理出现了问题。尽管外部因素的影响不容忽视，然而中斯关系出现的问题仍然取决于斯内部的政治转型及政治斗争。从更广泛的意义来讲，发生在斯里兰卡的情况对中国如何治理与沿线国家关系有重要启示，比如未来我们必须要考虑中国与"一带一路"战略支点国家关系的治理如果出现问题怎么办？2015 年斯里兰卡新政府暂停中国在科伦坡的投资项目无疑敲响了警钟，尽管斯里兰卡政府一再声称并不特别地针对中国投资，但新政府采取这样的措施显然与其国内的政治斗争及地区大国印度的施压密不可分。总之，囿于缺乏"硬"手段保护这些合作项目及投资的现实，中国要顺利地推进与"一带一路"沿线国家的项目合作，只能在国家关系治理上加大力度。①

在国家加快实施"一带一路"倡议的大背景下，中国企业在外参与大型工程项目的身份，也逐渐由工程承建方向投资方转变，或向二者的双重身份方向转变，在这一过程中，机遇更大，风险也更大。斯里兰卡叫停科伦坡港口城项目反映出的是典型的政治风险。应对政治风险主要有三种方式：一是预防，比如避免在政治动荡的国家投资建设项目，与执政党和在野党都保持良好关系，重视民意和媒体关系等；二是投保，包括向世界银行下属的多边投资担保机构（MIGA）或中国出口信用保

---

① 杨思灵：《"一带一路"倡议下中国与沿线国家关系治理及挑战》，《南亚研究》2015 年第 2 期。

险公司购买政府违约险、战争险等保险产品；三是争议解决，可分为当地救济和国际仲裁。

对中国政府而言，在商谈中欧、中美 BIT 高水平投资协定的同时，还应着手对 20 世纪八九十年代商签的投资协定进行升级换代，扩大可仲裁的事项范围，为迅猛增长的中国海外投资提供更高水平的保护。月晕而风，础润而雨，这些工作将为中国企业未来更加坚定地走出去奠定良好基础。

（执笔人：周亚敏）

赵江林，中国社会科学院亚太与全球战略研究院国际经济关系室室主任、研究员，中国社会科学院国家全球战略智库副秘书长。

周亚敏，中国社会科学院亚太与全球战略研究院助理研究员。1984 年生，中国人民大学本硕博连读，2011 年获经济学博士学位。2009—2010 年在德国波恩大学行为经济学实验室访学。2011—2013 年在中国社会科学院城市发展与环境研究所博士后流动站工作。主要研究领域：应对气候变化和全球治理。

谢来辉，中国社会科学院亚太与全球战略研究院助理研究员。2011 年 7 月在中国社会科学院研究生院获得经济学博士学位，2011—2013 年从事博士后研究。目前主要从事全球治理相关理论和实践研究，已发表学术论文十余篇，并主持国家社科基金青年项目一项。